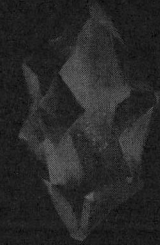

BLUE PHOBIA

Eri
Tsuruyoshi

ACTE-001 · La maladie indigo 5

ACTE-002 L'espoir de l'humanité 65

ACTE-003 Suprême bonheur 95

ACTE-004 Quarantaine 114

ACTE-005 Gravé en mémoire 133

ACTE-006 À la croisée des chemins 151

ACTE-007 Urgence 171

ACTE-008 Une goutte écarlate dans une mer indigo 192

ACTE-009 Mise à feu 211

BLUE PHOBIA
SOMMAIRE

ACTE-010 L'oiseau sans ailes 229

ACTE-011 Abyssal indigo 247

ACTE-012 L'histoire d'un homme 265

ACTE-013 Boîte de Pandore 284

ACTE-014 "1107" 303

ACTE-015 Au péril de ma vie 321

ACTE-016 Teinté d'azur 340

ACTE-017 Un jour 359

ACTE-018 Ma justice en bleu 377

BLUE PHOBIA

La maladie indigo

Aux abords d'une île, loin sous la surface...

un minéral se développait sur le plancher océanique.

attisait jadis les convoitises des militaires.

ce minéral ...

Superbe comme un concentré de profondeurs marines...

À présent...

on s'efforçait de le mettre au service de la paix.

ACTE-001
La maladie indigo

BLUE PHOBIA

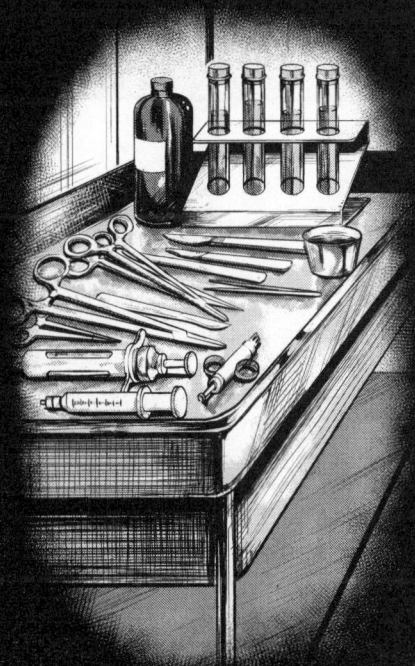

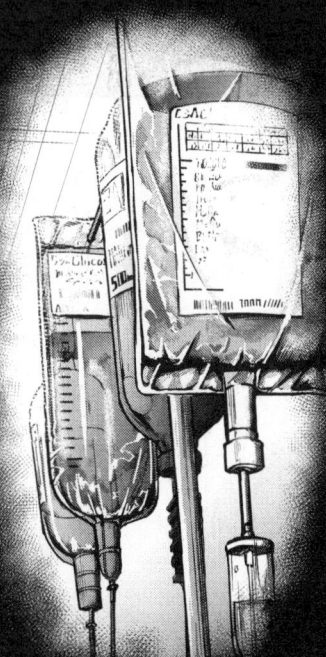

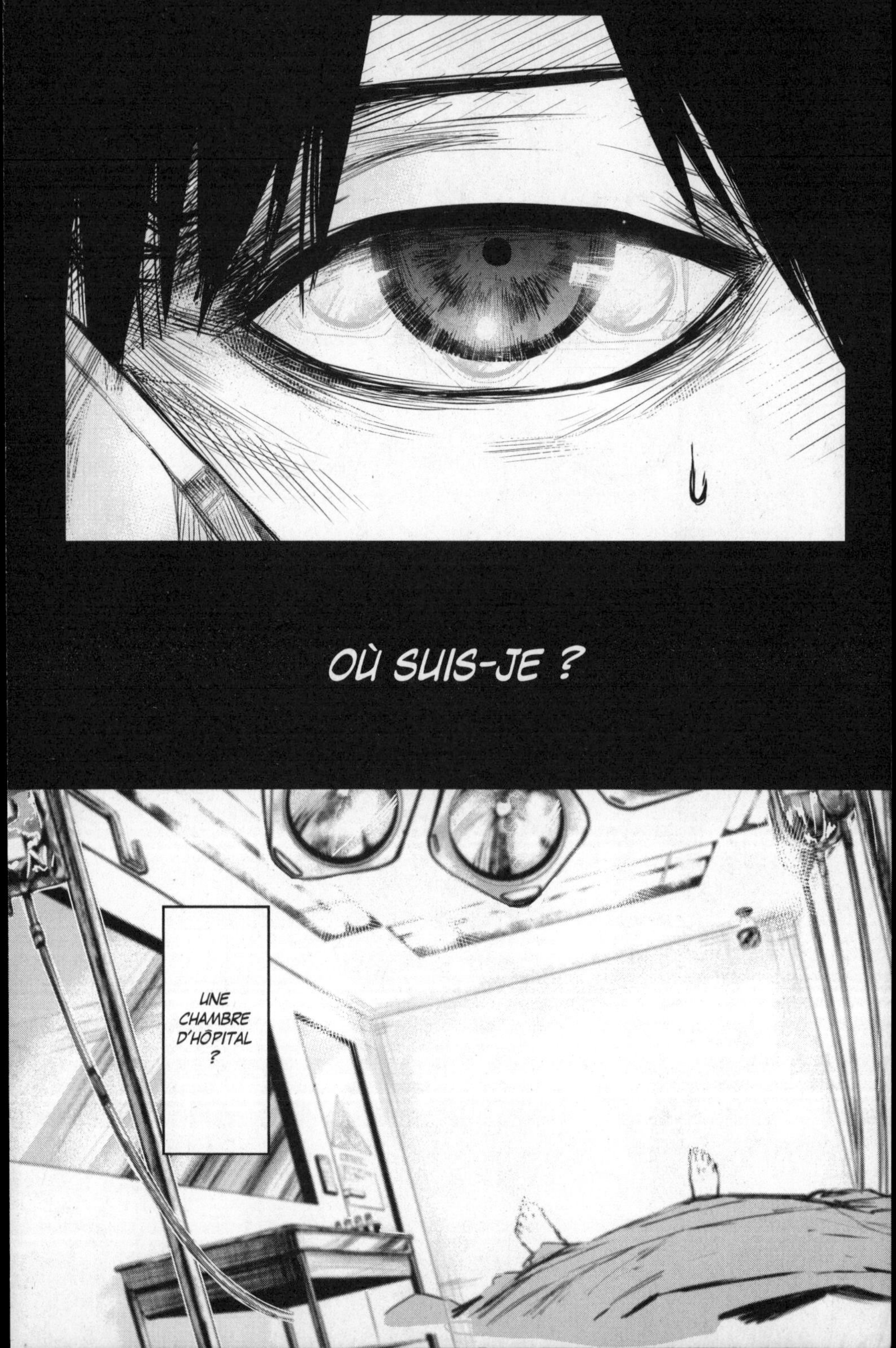

OÙ SUIS-JE ?

UNE
CHAMBRE
D'HÔPITAL
?

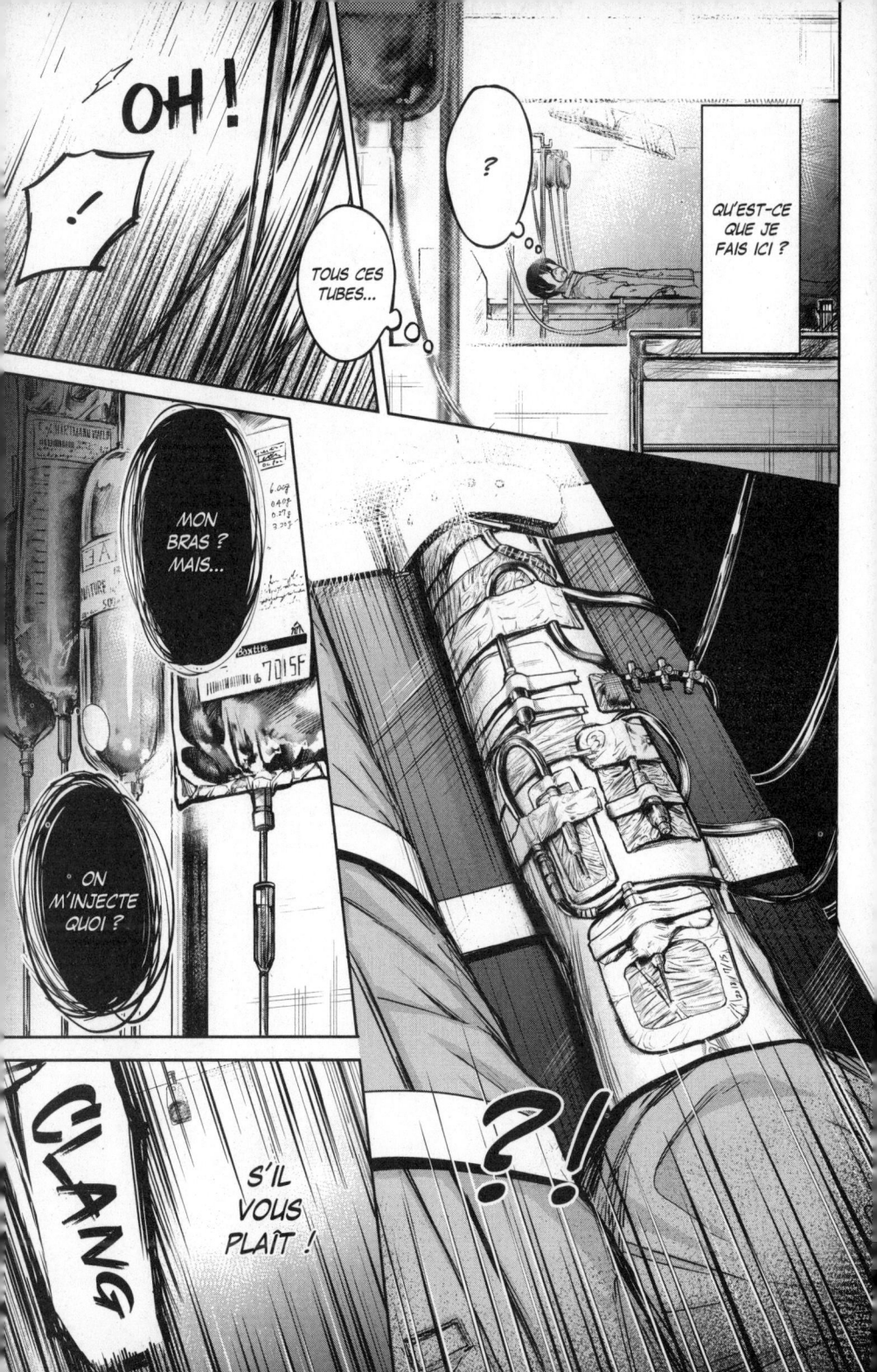

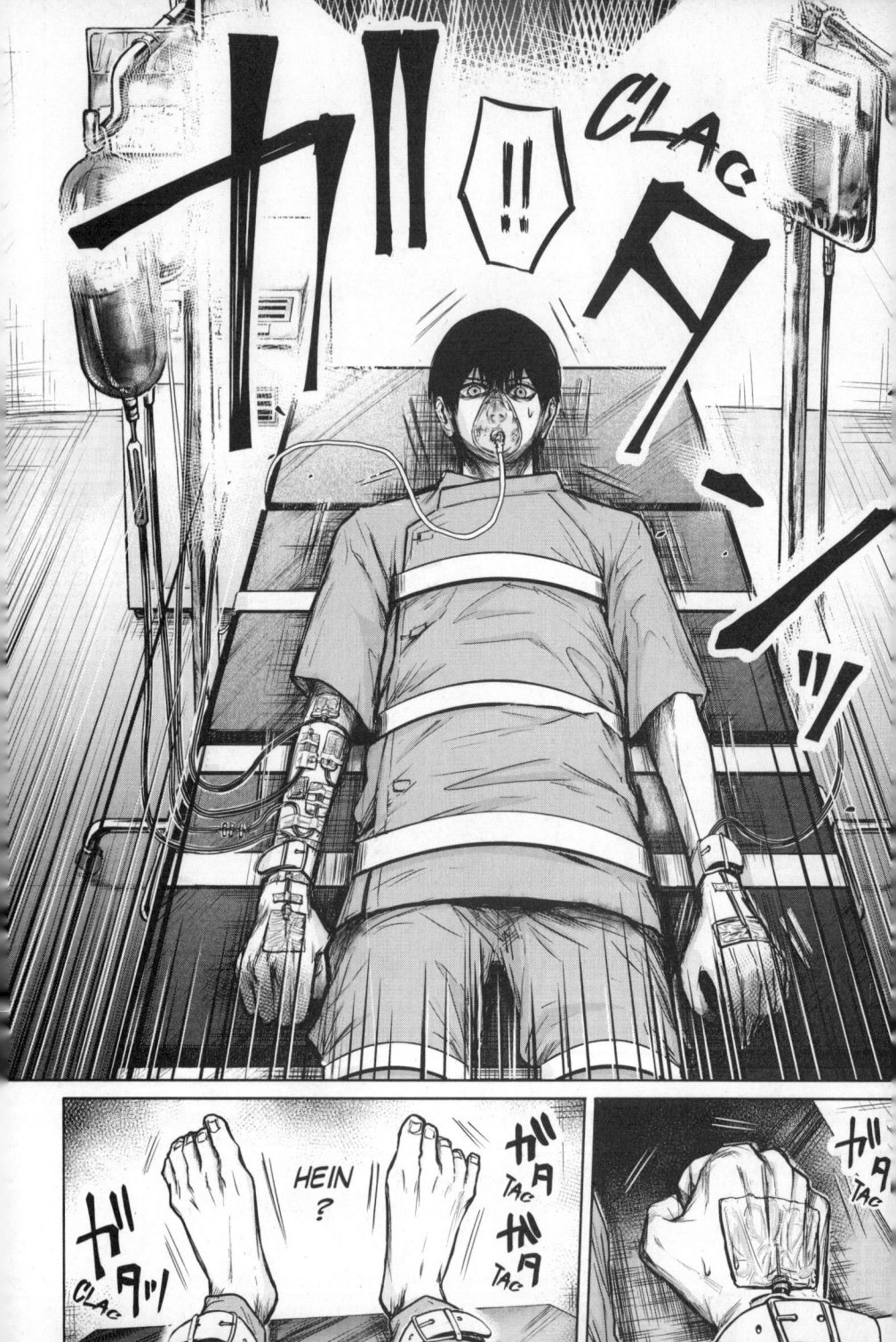

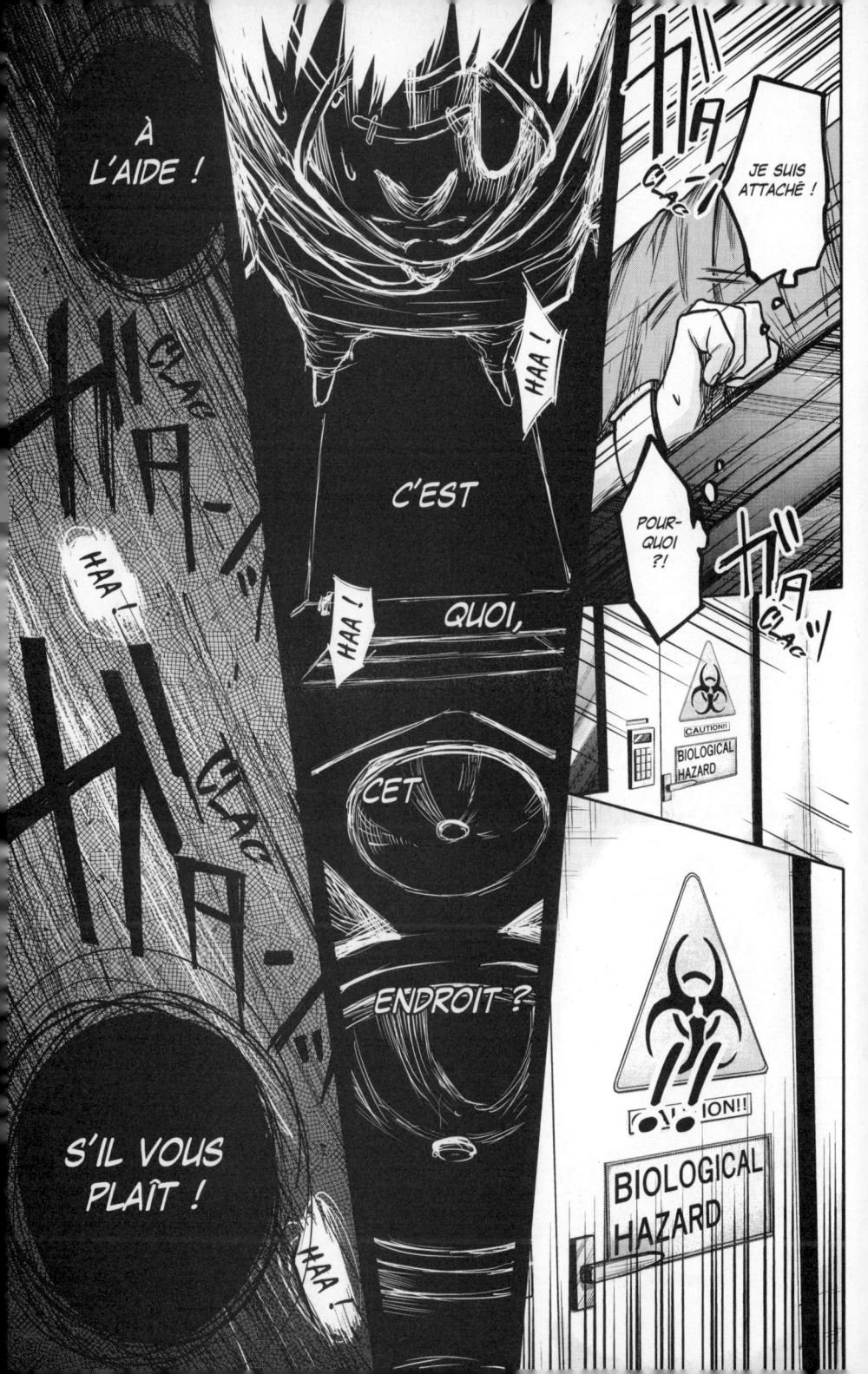

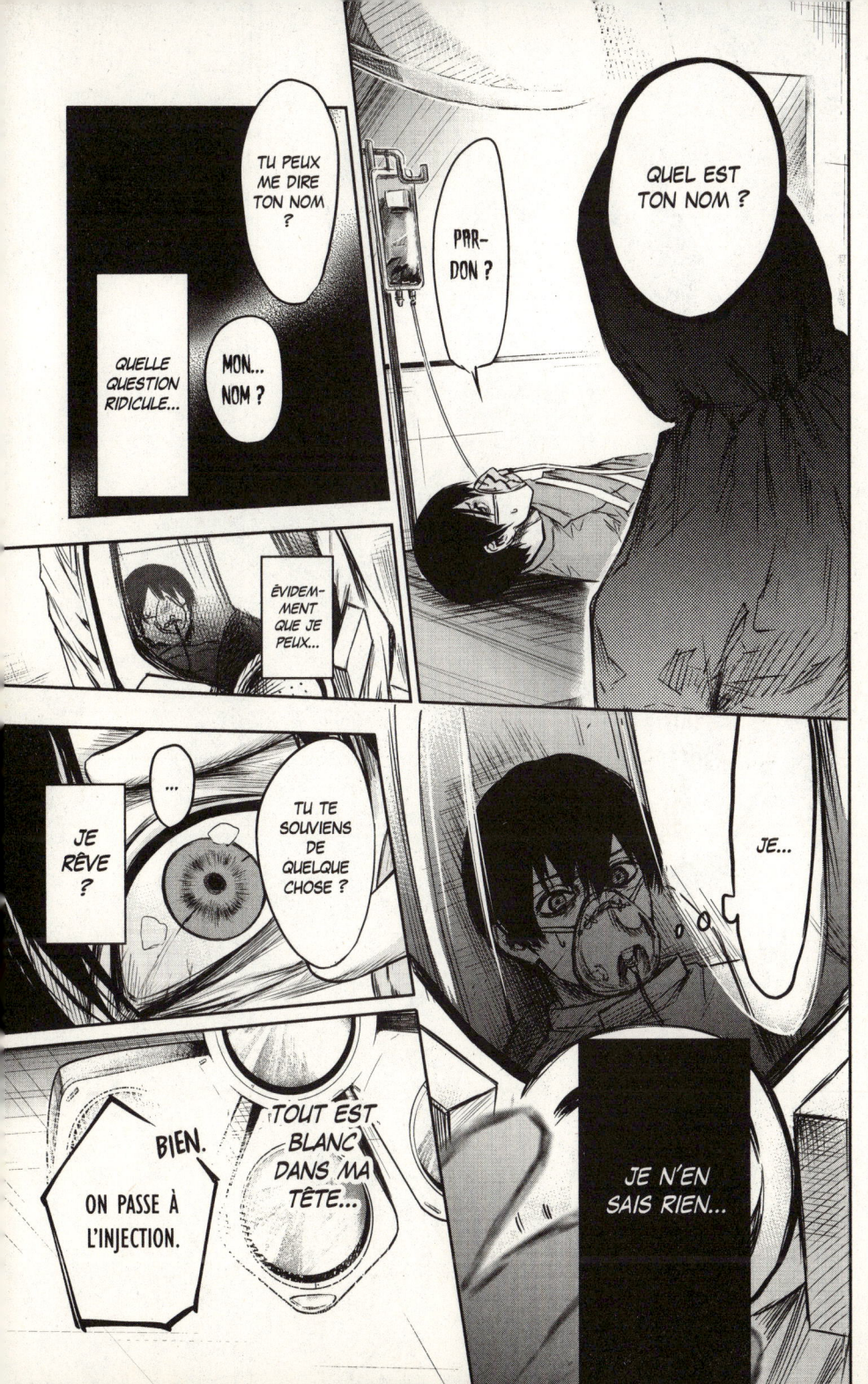

SHLANG

?

1107 ?

QUE VEUT
DIRE... CE
NOMBRE ?

UNE
FILLE
?

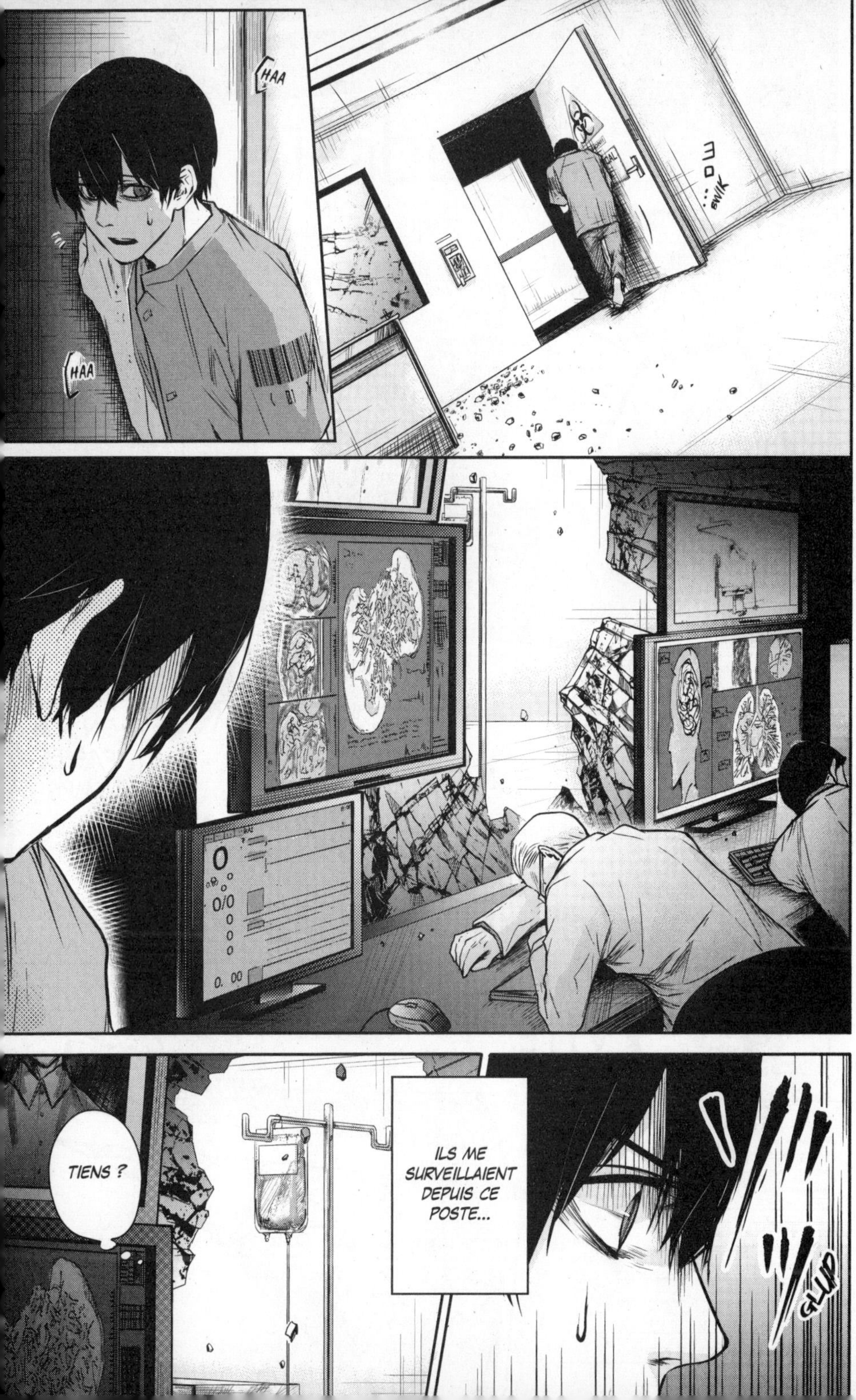

HAA

BUIK

wo

HAA

TIENS ?

ILS ME
SURVEILLAIENT
DEPUIS CE
POSTE...

GLUP

E-006

DANGER
RESTRICTED ACCESS

NO ENTRY

JE NE
COMPRENDS
TOUJOURS
PAS...

...

E-011

QUEL EST
CE LIEU...

mation
obby
stration
nter

JE
VOIS...

...

MAIS JE
N'ARRIVE
PAS À ME
RAPPELER...

AINSI, TU AS
BIEN PERDU LA
MÉMOIRE.

QUI JE
SUIS...

JE
SUIS...

TAP

"MA"
PATIENTE
?

UNE PA-
TIENTE ?

OUI.

OU PLUTÔT,
J'ÉTAIS...
UNE DE TES
PATIENTES.

J'ÉTAIS MÉDECIN ?

ADMET-TONS.

ALORS ...

DANS CE CAS...

AVEC CES TYPES ?

JE TRA-VAILLAIS ...

POURQUOI ÉTAIS-JE ATTACHÉ À CE LIT ?

JE COMPRENDS MIEUX.

ON EST DANS UN HÔPITAL, ET...
ON M'A MIS EN QUARANTAINE, C'EST ÇA ?
COMME JE SUIS TOMBÉ MALADE...
DÉSO-LÉE.
TU N'ES PAS DANS UN HÔPITAL MAIS DANS UN CENTRE DE RECHERCHE...
QUI ÉTUDIE...
CAUTION!!
UNE "CERTAINE MALADIE".

UNE MALADIE QUI VOUS TEINTE DE BLEU...
AVANT DE VOUS PÉTRIFIER.
LA MALADIE INDIGO.

PAS
POUR
GUÉRIR,
NON.

ICI, LES PATIENTS SONT DES COBAYES.

ET TOI...

TU M'AS FAIT UNE PROMESSE.

C'ÉTAIT TROP...

JE N'ARRIVAIS PLUS À SUIVRE.

LES MEMBRES DE CETTE FILLE ÉTAIENT BIEN BLEUS...

TOUT COMME LES OS MINÉRALISÉS ÉTALÉS AU SOL, DEVANT MOI.

...

POUR-TANT...

CETTE RÉALITÉ ÉVIDENTE
°°°

S'IMPOSAIT À MON REGARD.

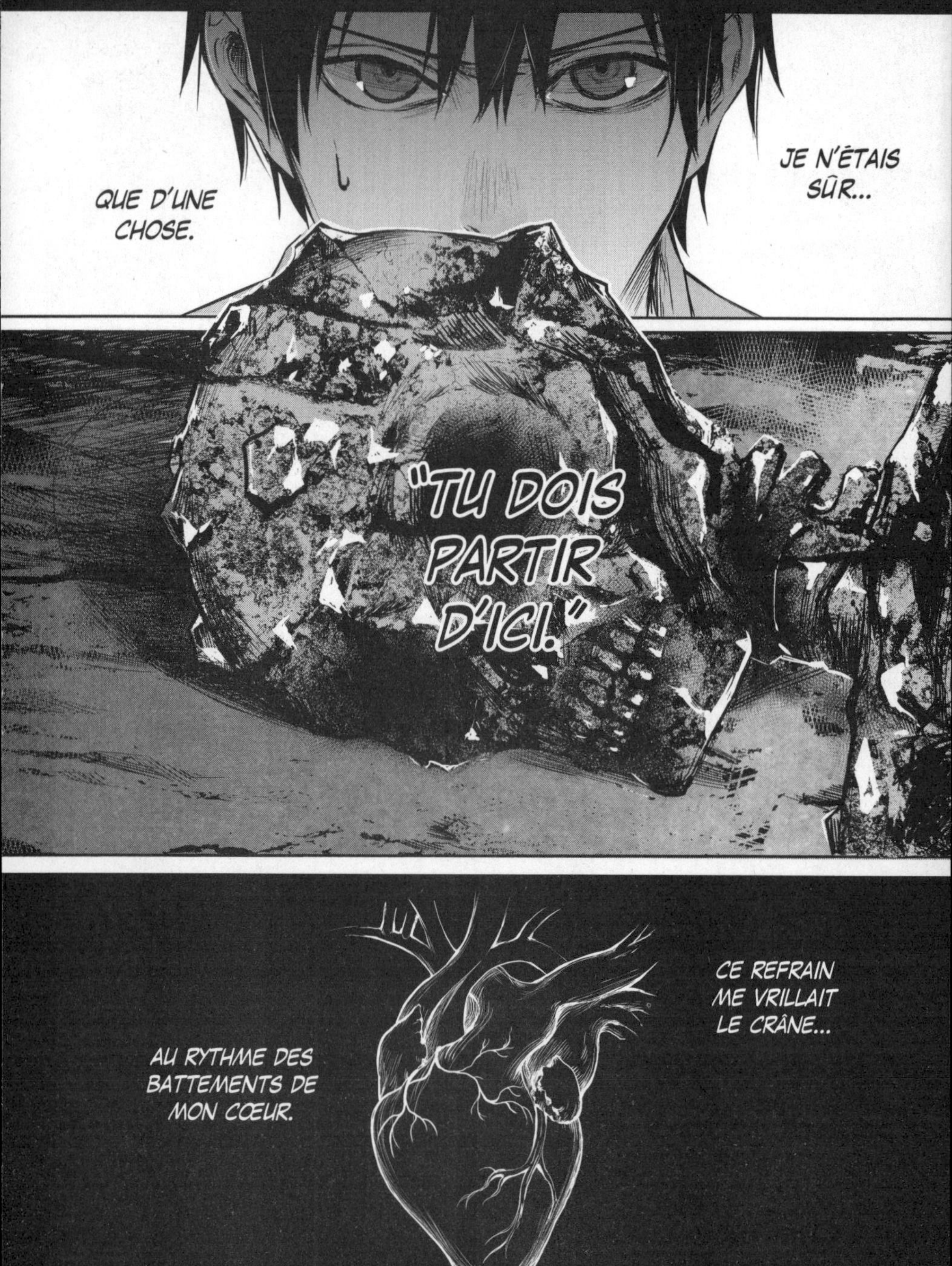

QUE D'UNE
CHOSE.

JE N'ÉTAIS
SÛR...

"TU DOIS
PARTIR
D'ICI."

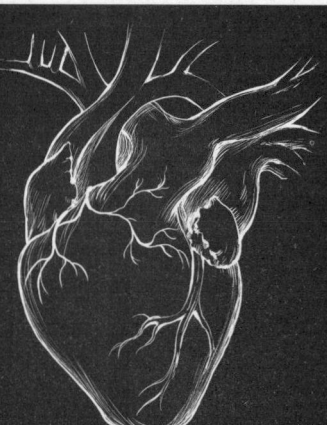

CE REFRAIN
ME VRILLAIT
LE CRÂNE...

AU RYTHME DES
BATTEMENTS DE
MON CŒUR.

BLUE PHOBIA

– Maladie indigo –

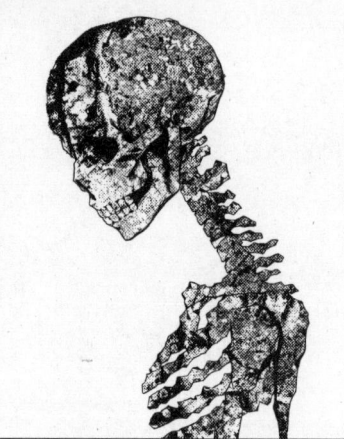

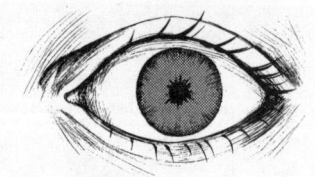

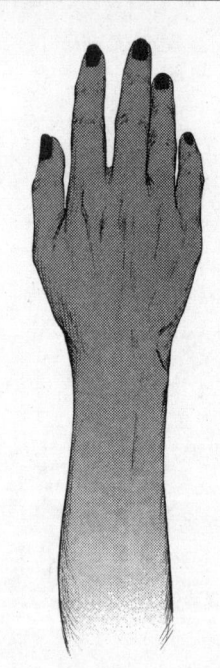

Détails :

1. Au contact du saphir marin, la peau, les yeux, les cheveux prennent une couleur indigo.
2. Quand les os sont affectés à leur tour, ils se transforment en saphir marin.
3. Dans les années 19__, des mineurs ont été touchés par la maladie indigo.
4. Les dépouilles des patients souffrant de cette maladie dégageaient une odeur _____.
5. Chez une personne saine, la mort intervient en dix ans environ.

6. Au dernier stade, leurs corps se sont transformés en _____.

Le saphir marin est l'une de ces re[...]
situées au niveau du plancher o[...]
considérées comme de potent[...]
futur.
Le saphir est avantageux [...]
préservation de l'environn[...]
CO_2 ni aucun autre déch[...]
Grâce aux recherches m[...]
années, il est mieux plac[...]
concurrentes pour une [...]

SAPHIR MARIN

VOUS AVEZ DÉJÀ ENTENDU PARLER DU "SAPHIR MARIN" ?

C'EST UNE RESSOURCE NATURELLE SITUÉE AU FOND DES OCÉANS, QUI TIRE SON NOM DE SA COULEUR MARINE.

UN FRAGMENT D'UN CENTIMÈTRE DE DIAMÈTRE PEUT FOURNIR ASSEZ D'ÉNERGIE POUR TOUS LES FOYERS DE NOTRE PAYS.

IL EST VU COMME UNE SOLUTION POSSIBLE À NOTRE CRISE ÉNERGÉTIQUE.

D'AUTRE PART, COMME CE MINÉRAL NE LAISSE AUCUN DÉCHET...

VOILÀ POURQUOI NOUS L'APPELONS AUSSI "L'ESPOIR DE L'HUMANITÉ".

TAP

Il est tellement nul, ce cours !

Tweeter

Tweeter

TIP TIP TIP

QUANT AU CODE-01...

LE SUJET N-007, ACTUELLEMENT EN CAVALE...

MÊME S'IL EST AMNÉSIQUE ET DANS UN ÉTAT DE GRANDE FAIBLESSE...

IL AVAIT AUPARAVANT ACCÈS À TOUS NOS SECRETS.

A UN SQUELETTE ENTIÈRE-MENT MINÉRA-LISÉ.

SES OS ATTEIGNENT UNE DURETÉ DE 10 SUR L'ÉCHELLE DE MOHS*.

CETTE FILLE N'AURA AUCUN MAL À VOUS FRACASSER LE CRÂNE...

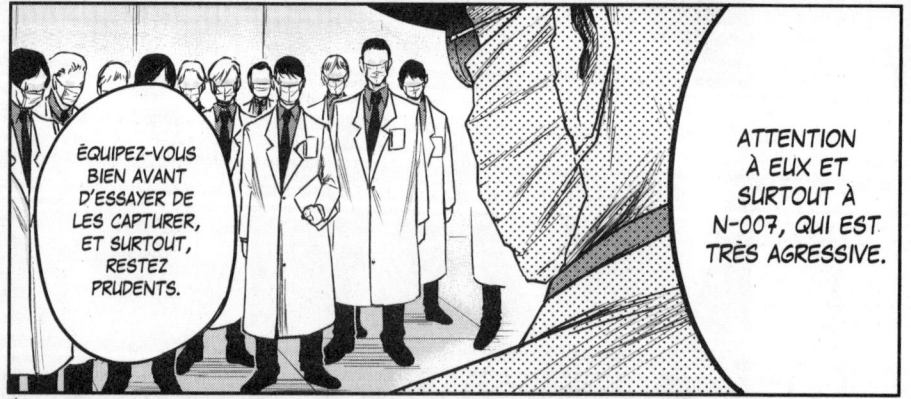

ÉQUIPEZ-VOUS BIEN AVANT D'ESSAYER DE LES CAPTURER, ET SURTOUT, RESTEZ PRUDENTS.

ATTENTION À EUX ET SURTOUT À N-007, QUI EST TRÈS AGRESSIVE.

*Échelle de Mohs : la dureté d'un os ordinaire est de 4 à 5.

70

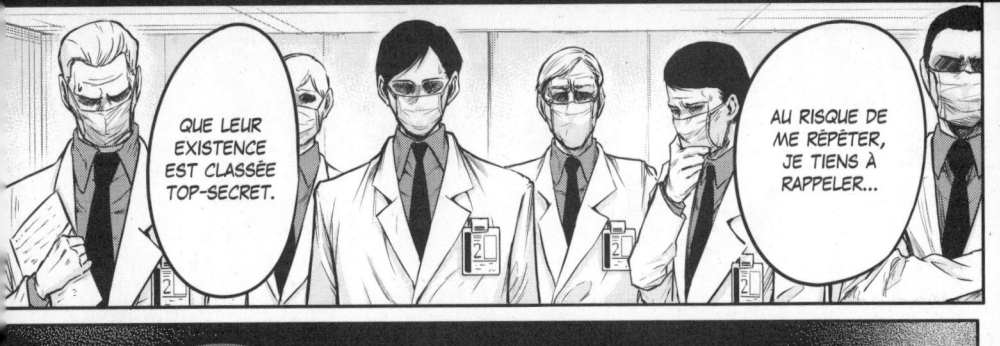

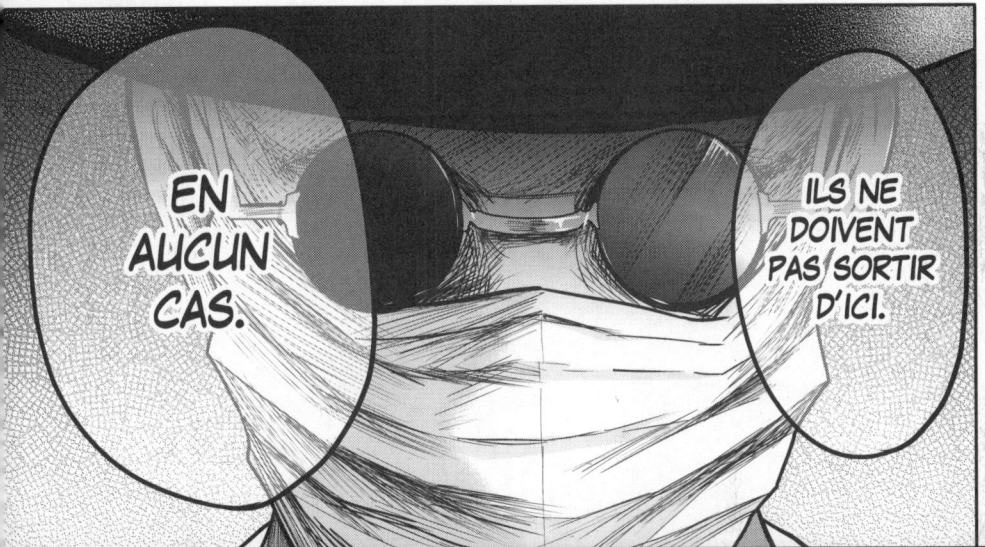

CETTE ÎLE QUI ABRITE...

LE CENTRE DE RECHERCHE, QUELQUE PART DANS L'OCÉAN PACIFIQUE.

MÊME SI ON ARRIVE À SORTIR D'ICI, ON SERA COINCÉS PAR LA MER !

DANS CE CAS...

UNE ÎLE...

ON N'A AUCUNE CHANCE DE FUIR !

ON EST VRAIMENT SUR UNE ÎLE ?

EN GROS...
J'ÉTAIS DU
CÔTÉ DU
CENTRE.

SI J'AI BIEN
COMPRIS,
AVANT DE
PERDRE LA
MÉMOIRE...

J'ÉTAIS
MÉDECIN
ICI ET TU
ÉTAIS MA
PATIENTE ?

ALORS...

L'AMNÉ-
SIQUE QUE
JE SUIS
DEVENU...

NE
COMPREND
PAS CELUI
QUE J'ÉTAIS
AVANT.

POURQUOI
AI-JE VOULU
M'ENFUIR
AVEC TOI ?

iichi Fukami
3-001 Hinode
, Chiba,
1174 Japan
To:
Mr. Kiai Staff
LEVEL 2 -E
The island of carrousel
R MAIL

...

TU TE RAPPELLES CE QUE JE T'AI DIT ?

LES PATIENTS DU CENTRE SONT DES COBAYES.

JOUR APRÈS JOUR, ON LEUR FAIT SUBIR DES "EXAMENS".

LES MALADES INDIGO SONT AVANT TOUT DES OBJETS D'ÉTUDE.

MAIS TOI...

TU ÉTAIS DIFFÉRENT.

ギリッ KWIF

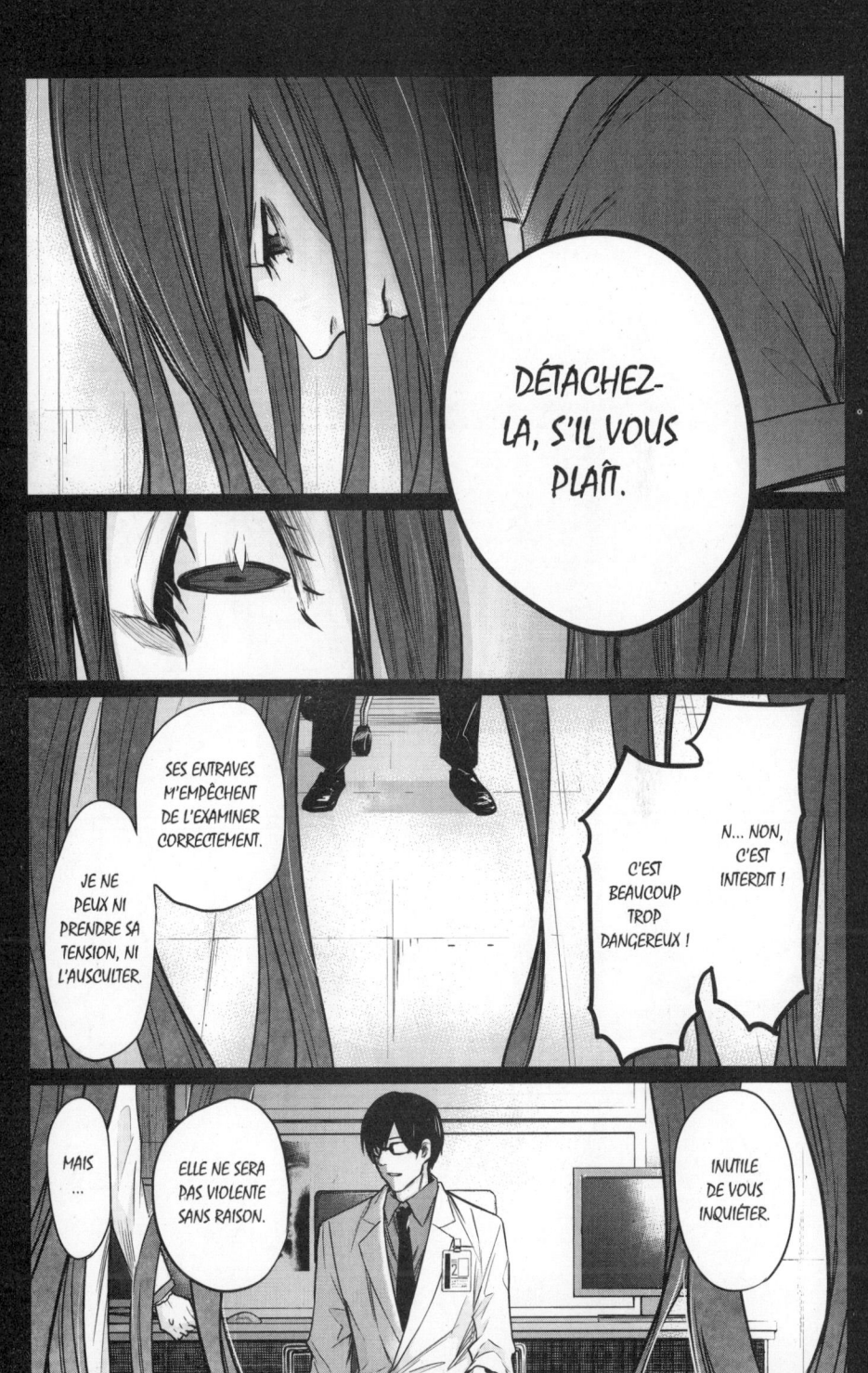

ÇA FAIT MAL ?

PAS VRAIMENT...

TU ES SÛRE ?

AVEC DES MUSCLES SI CONTRACTÉS, C'EST ÉTONNANT...

PARDONNE-MOI.

BONJOUR LE MALAISE...

CELUI QUE J'ÊTAIS AVANT MON AMNÉSIE...

A DÊCIDÊ DE VENIR EN AIDE À CETTE FILLE.

...

QU'EST-CE QUI A BIEN PU LE POUSSER...

ALLONS-Y.

IL NE FAUT PAS RESTER ICI TROP LONG-TEMPS.

CLANG

À FUIR AVEC ELLE ?

OU... OUI...

!!

ATTAQUEZ À DISTANCE, SANS VOUS APPROCHER ! SURTOUT...

MÉFIEZ-VOUS D'EUX !

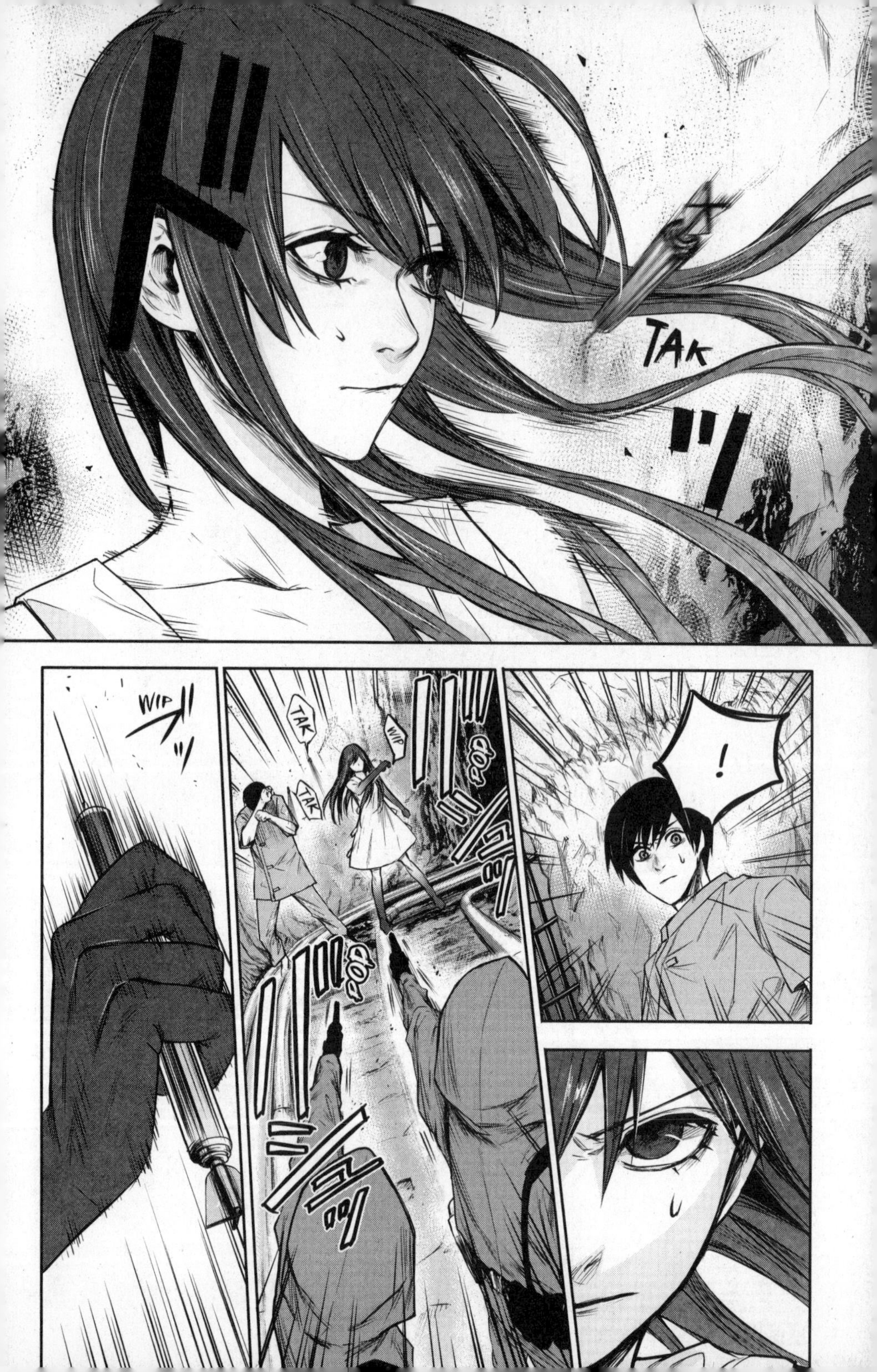
TAK
!
WIP
TAK
TAK
DOP
DOP
WIP

IMPOSSIBLE D'ALLER PLUS LOIN...

BROO

BROO

C'EST BON, VOUS AVEZ RECHAR-GÉ ?!

LES VOILA !!

TINK !

!

MOI NON PLUS...

NON, PAS ENCORE...

JE PRÉFÈRE MON AUTO-MATIQUE, MOI.

PA-REIL !!

JE NE SUIS PAS HABITUÉ À CE PIS-TOLET...

ALORS...

GHH

"UNE MALADIE QUI TRANSFORME LES OS EN PIERRE..."

C'EST À CAUSE DU POIDS DE MES OS.

MAIS OUI...

ON NE PEUT PAS RECULER.

NON.

パ〇 シ FWIP ッ

ON Y VA ENSEMBLE.

C'EST LA MORT ASSURÉE S'ILS NOUS CAPTURENT.

SON PRÉDATEUR NATUREL ?

NOUS ALLONS LIBÉRER SON PRÉDATEUR NATUREL.

OUI.

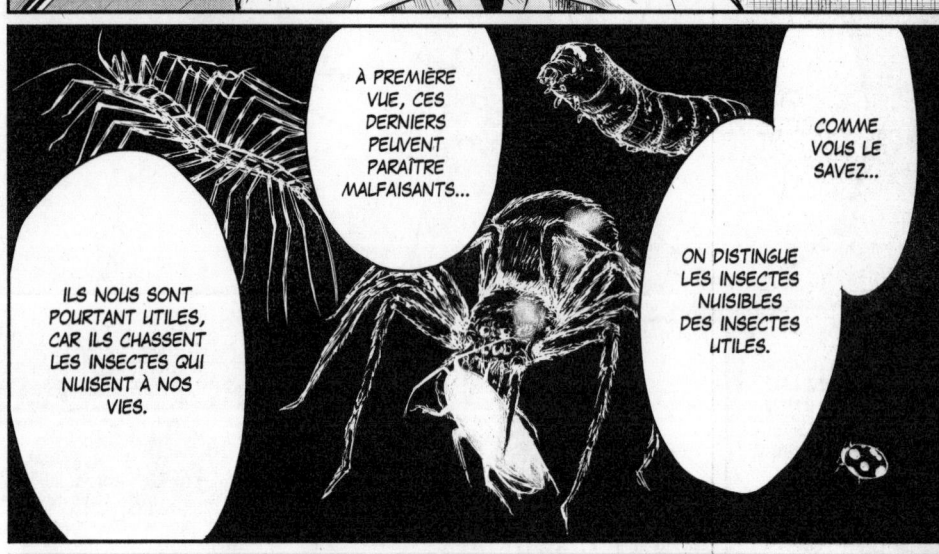

À PREMIÈRE VUE, CES DERNIERS PEUVENT PARAÎTRE MALFAISANTS...

COMME VOUS LE SAVEZ...

ILS NOUS SONT POURTANT UTILES, CAR ILS CHASSENT LES INSECTES QUI NUISENT À NOS VIES.

ON DISTINGUE LES INSECTES NUISIBLES DES INSECTES UTILES.

ON NE PEUT PAS COURIR LE RISQUE DE LE PERDRE, EN AUCUN CAS !

IMAGINEZ QU'IL S'EN PRENNE À CODE-01 !

MAIS OUI !

ET QUE FEREZ-VOUS, SI CET "INSECTE UTILE" DÉCIDAIT D'ATTAQUER UN HUMAIN ?

NOUS SOMMES DANS UNE SITUATION SIMILAIRE.

L'HUMANITÉ CONNAÎT UN ESSOR SPECTACULAIRE.

EN CONTREPARTIE...

ELLE PAIE DE LOURDS TRIBUTS À SON PROGRÈS.

NOTRE ACTION DOIT DONC S'ORIENTER VERS UN SEUL BUT.

À L'AVENIR, TOUT CELA NE FERA QUE S'AMPLIFIER.

APPORTER LE SUPRÊME BONHEUR À L'HUMANITÉ.

BLUE PHOBIA

ACTE-004
Quarantaine

ESSAIE DE RESPIRER LENTEMENT !

!

ゲホッ
TEUH

ゴボッ
TEUH

ケホッ
TEUH

HÉ, MAIS...

FROO
ゴボゴボ

ON SE TROUVE SANS DOUTE DANS LA STATION DE TRAITEMENT DES EAUX INDIQUÉE SUR LE PLAN...

TU ES REVENUE À TOI ?

QU'EST-CE QUE JE FAIS ?

ALORS... ON A RÉUSSI À LEUR ÉCHAPPER...

OÙ... SOMMES-NOUS ?

OUF...

D'AIL-LEURS...

BIEN PLUS QUE CELUI D'UNE PERSONNE SAINE, C'EST FLAGRANT...

QUAND ON S'EST RETROUVÉS DANS L'EAU...

IL EST LOURD, SON PIED...

LE PERSONNEL DÉSARMÉ.

OUI, POUR ÉVITER QU'ON NE PRENNE EN OTAGE...

TU PENSES ?

ILS ONT DÛ ÉVACUER LES LIEUX.

JE NE VOIS PERSONNE, DEPUIS TOUT À L'HEURE...

ÇA M'APPRENDRA À TENIR MA LANGUE !

HUM...

TIENS... C'EST UNE BONNE IDÉE, ÇA...

EN TOUT CAS...

ILS N'ONT PAS L'INTENTION DE NOUS CAPTURER ?

JE NE RESSENS AUCUNE PRÉSENCE...

BIP

ゴウン
KONG

ゴウン
KONG
ゴウン
KONG

ゴウン
KONG

ガリ
ゴ

?!

INTERDICTION AU PERSONNEL D'Y PÉNÉTRER.

ICI D-030.

C'EST QUOI, CE BRUIT ?

ガ
KANG
ゴ
KANG

JE RÉPÈTE...

INTERDICTION AU PERSONNEL D'Y PÉNÉTRER.

LE PAVILLON E EST BOUCLÉ.

ALORS...

"UNE ODEUR D'IODE."

UNE PUANTEUR POISSEUSE...

DE POISSON ET DE SEL...

QUI COLLE À LA PEAU...

ACTE-005 Gravé en mémoire

QU'ELLE VOUS DONNE LA MIGRAINE...

UNE ODEUR D'EAU CROUPIE, SI PUISSANTE...

UNE ODEUR...

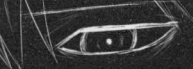

OUI, ÇA ME RAPPELLE...

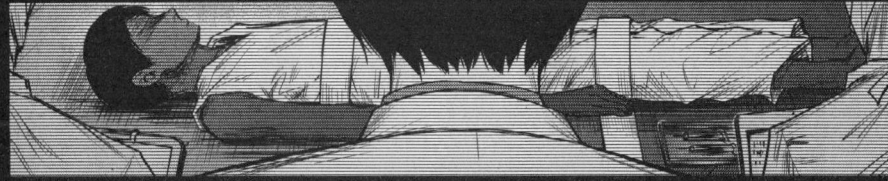

QUE J'AI TOUJOURS DÉTESTÉE...

ACTE-005
Gravé en mémoire

ALORS, C'EST ICI...

QUE TOUT SE TERMINE ?

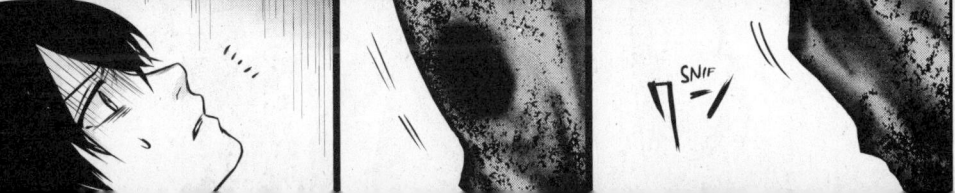

VLAM

Pavillon E
–
Salle de
scanner
CT

[HAA

[HAA

[HAA

UNE
IDÉE.

ON NE
POURRA
PAS LUI
ÈCHAPPER
ÉTERNEL-
LEMENT.

ON DOIT
TROUVER UN
MOYEN DE
SORTIR D'ICI.

NON...
AVANCER AU
HASARD, C'EST
RISQUER DE
FINIR DANS UN
CUL-DE-SAC...

TU
VEUX
QU'ON
CHERCHE
UNE
ISSUE ?

EN
FAIT...

J'AI
PEUT-
ÊTRE
...

ACTE-006 À la croisée des chemins

ACTE-006
À la croisée
des chemins

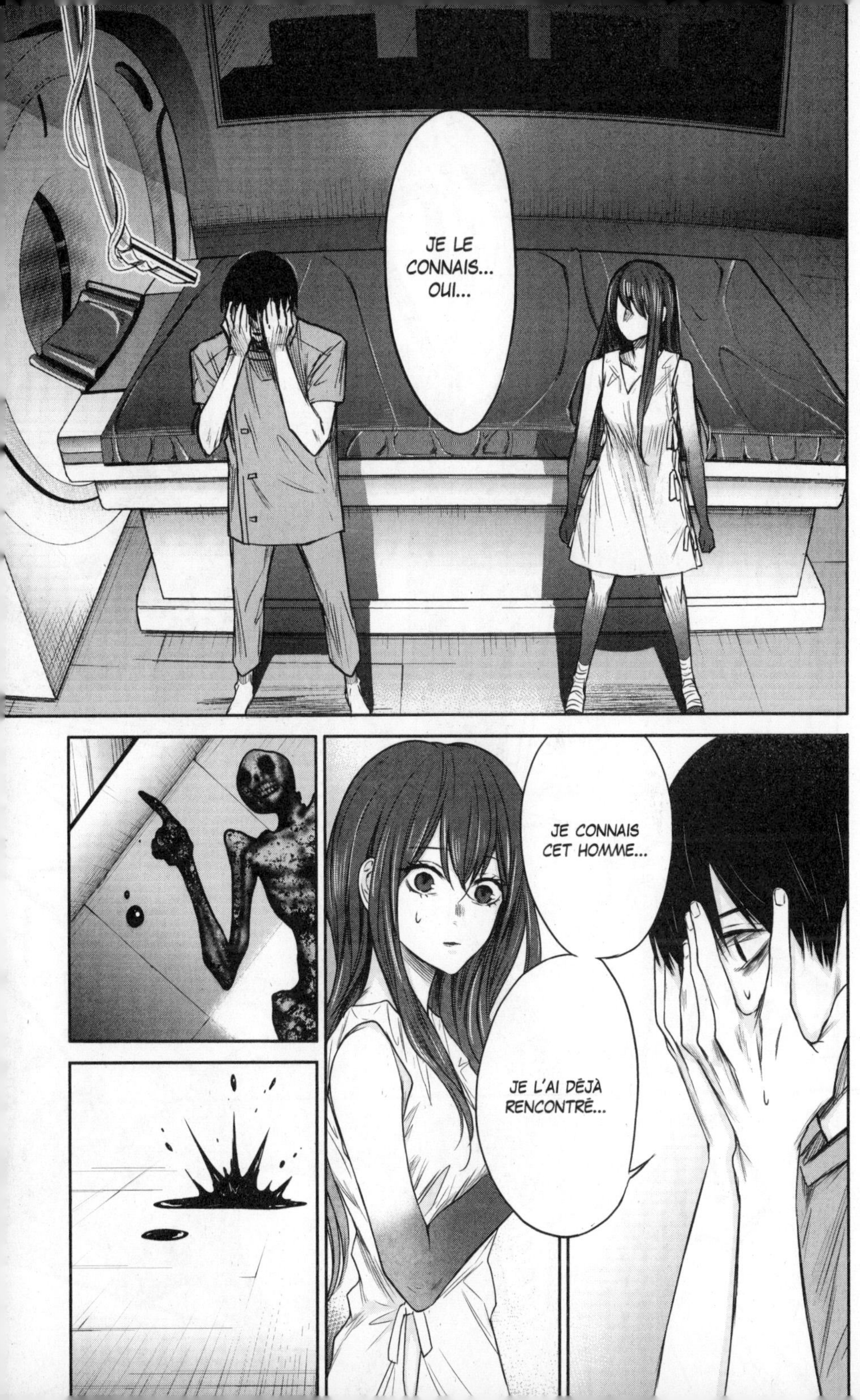
JE LE CONNAIS... OUI...
JE CONNAIS CET HOMME...
JE L'AI DÉJÀ RENCONTRÉ...

PLAF
ボタ
PLAF
ボタ
SNIF
Authorized personnel only
VLAM
バゴーンッ
ズチャッ
PLAF

J'EN ÉTAIS SÛR. C'EST ICI QUE SONT CONSERVÉS LES ÉCHANTILLONS POUR LES EXPÉRIENCES.

Pavillon E – Laboratoires

SI, COMME JE LE PENSE, IL RECHERCHE VRAIMENT DES OS MINÉRALISÉS...

LES LABOS ?

ON A UNE CHANCE DE LE RETENIR ICI.

ON FILE !

OUI !

QUI EST-IL ?

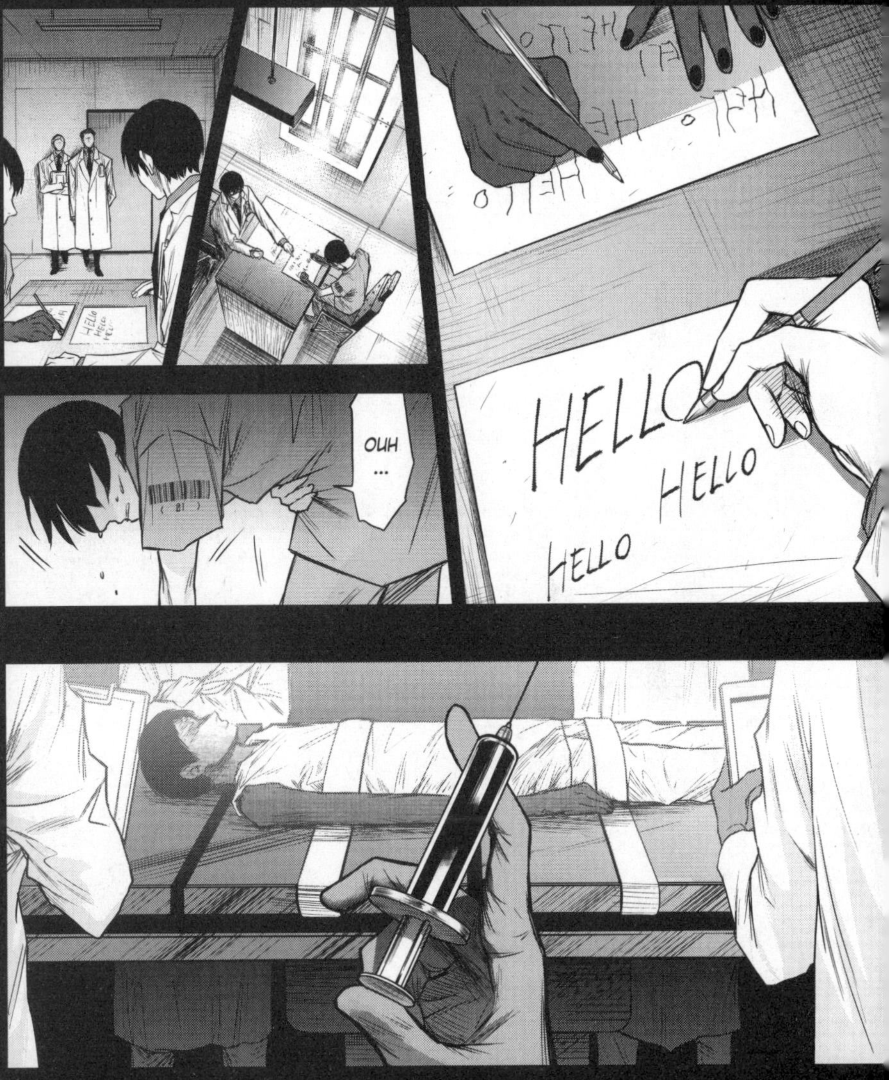

HELLO

HELLO

HELLO HELLO

OUH...

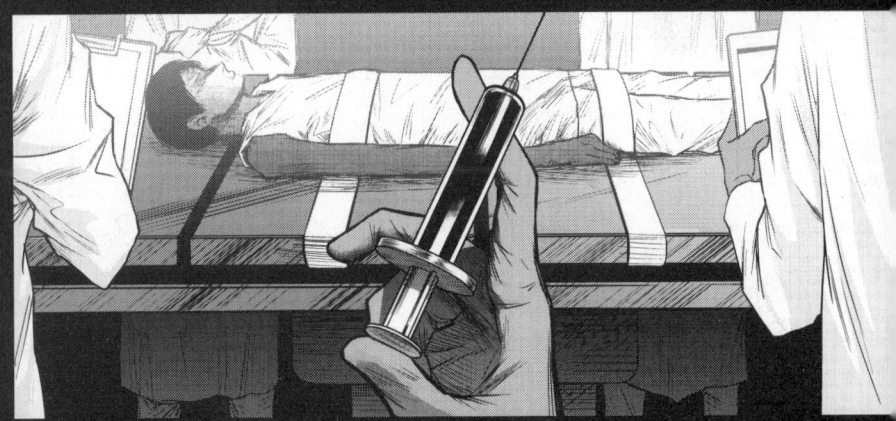

OUI... C'EST LUI...

LE PREMIER HOMME...

BLUE PHOBIA

– Saphir marin –

Détails :

1. Se développe sur les ossements humains.
2. Découvert sur le plancher océanique, à proximité d'une île de l'océan Pacifique.
3. Ne peut être produit que dans un _____ _____.
4. Présence confirmée __ _____.
5. Tient son nom de sa couleur, rappelant les profondeurs marines.
6. Énergie propre et sûre, très concentrée et ne produisant aucun déchet.
7. Génère naturellement de _____, sans l'intermédiaire d'une _____ _____.
8. Un comité s'occupe de promouvoir son utilisation.
9. Plusieurs années de recherches ont rendu son utilisation à grande échelle envisageable.

ATTENTION. TU AS INVERSÉ TON "E".

C'EST DIFFICILE ?

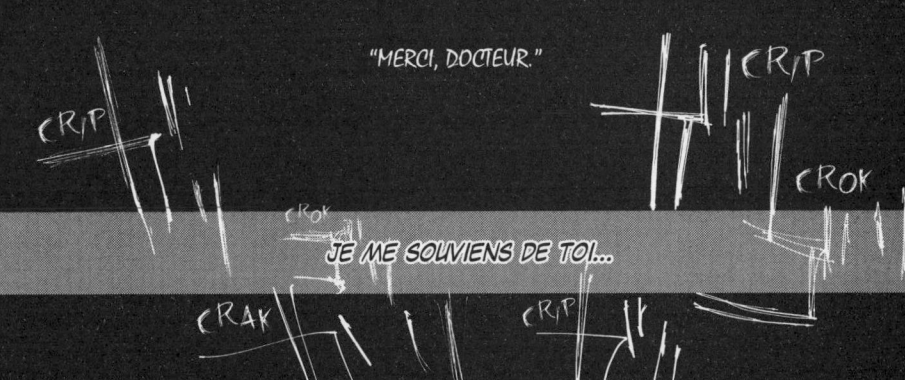

"MERCI, DOCTEUR."

JE ME SOUVIENS DE TOI...

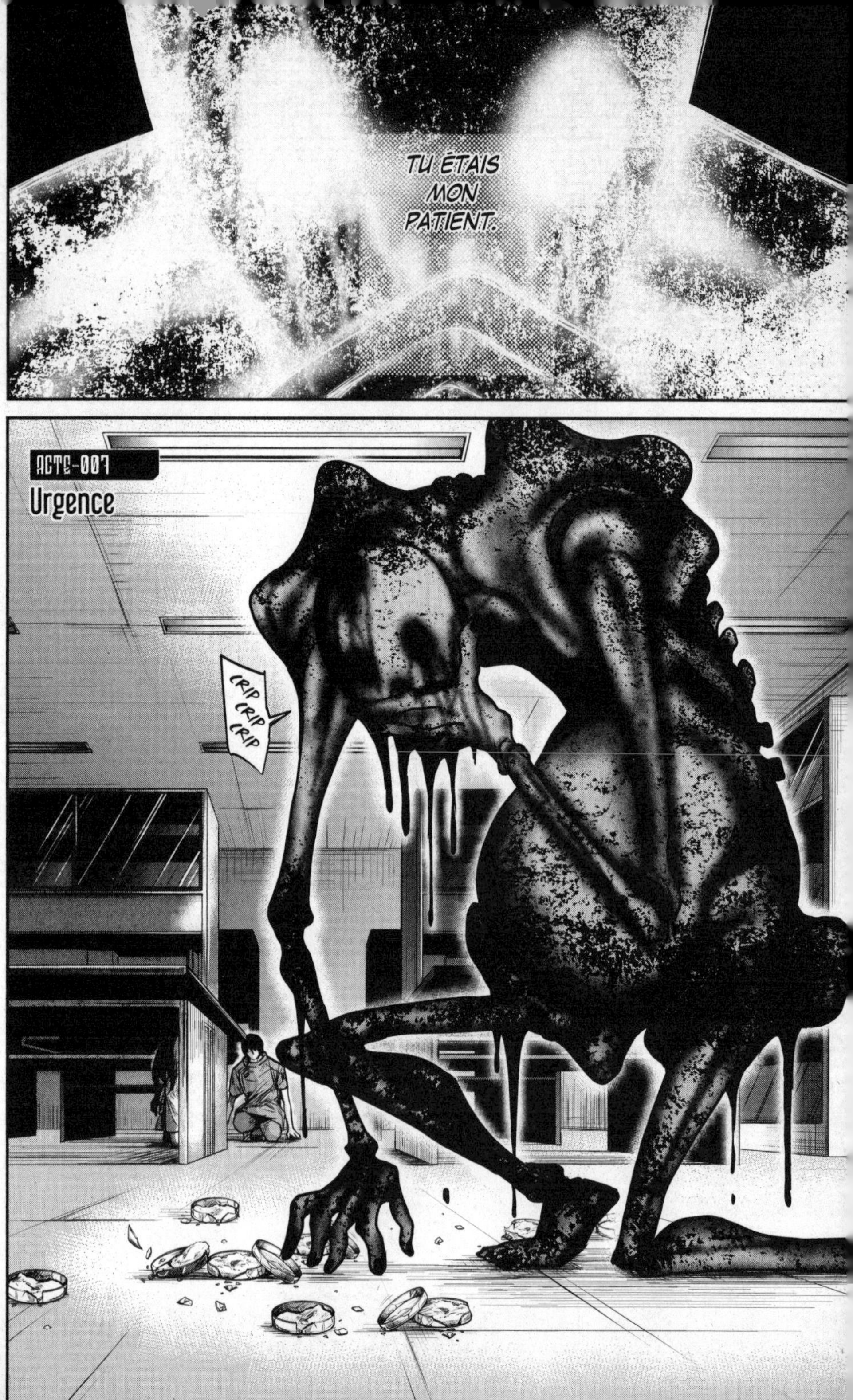

TU ÉTAIS
MON
PATIENT.

ACTE-007
Urgence

CRIP
CRIP
CRIP

CRIP
CRIP
!!
ヨタ…
BWIK
ヨタ…
BWIK
CRISH
MFF
MFF
KAI, DEBOUT !
ON DOIT PARTIR, ET VITE !

KAI !

OUH

IL N'EST PLUS HUMAIN...

C'EST TROP TARD POUR LE SAUVER.

WID

NON...

JE DOIS TROUVER AUTRE CHOSE.

MON PLAN ÉTAIT STUPIDE.

LES ÉCHANTILLONS N'ONT PAS SUFFI À LE RETENIR.

J'AI MÊME PERDU DU TEMPS À CAUSE DE MON MALAISE...

TU AS RAISON...

GLUP

MA PRIORITÉ, C'EST DE TROUVER UN MOYEN DE NOUS ÉVADER D'ICI...

TU SAIS QUOI ? SI ÇA SE TROUVE...

SORTIR ?!

ET COMMENT ?!

C'EST RISQUÉ, MAIS...

!

TU VIENS DE TROUVER LA CLÉ POUR SORTIR D'ICI.

ALORS, QUE
VONT-ILS
FAIRE ?

POUR EN
SORTIR, ILS
DEVRONT
SOIT OUVRIR
LE RIDEAU
MÉTALLIQUE
DE CONFINE-
MENT...

SOIT
EMPRUNTER
LE PUITS
CENTRAL
POUR
CHANGER
D'ÉTAGE.

EN CE MOMENT,
ILS SE TROUVENT
AU QUATRIÈME
SOUS-SOL, DANS
LE SECTEUR DE
RECHERCHE.

Rideau de
confinement

Puits
central

MAIS COMME ILS
N'ONT PAS DE
BADGE, ILS NE
POURRONT OUVRIR
AUCUNE PORTE.

4e sous-sol

4e sous-sol
Secteur de recherch

■ Pavillon E - Secteur de recherche du 4e sous-sol

ILS SE SÉPARENT !

ILS FINIRONT PAR S'ÉPUISER, N-004 DÉVORERA N-007...

ET NOUS CAPTURE-RONS ALORS CODE-01.

C'EST UNE SIMPLE QUES-TION DE TEMPS.

NON, ATTEN-DEZ...

C'EST LE PLUS PETIT ESPACE DE L'ÉTAGE ! POURQUOI SE JETTE-T-IL DANS CE CUL-DE-SAC ?

CODE-01 SE DIRIGE VERS LE LOCAL TECHNI-QUE...

LE PLUS TÔT SERA LE MIEUX...

OH !

DERRIÈRE LE LOCAL TECHNIQUE, IL Y A ...

LES ESCALIERS DE SECOURS !

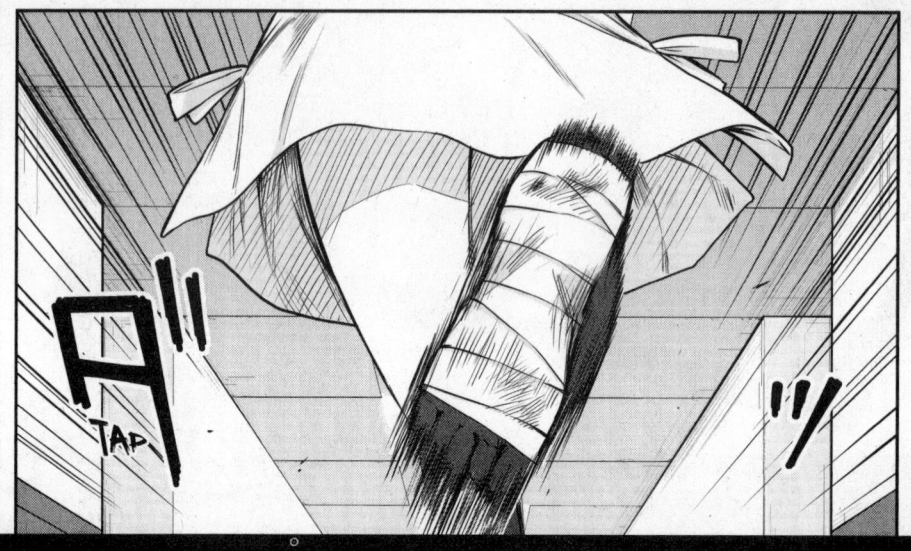

"LE LOCAL TECHNIQUE..."

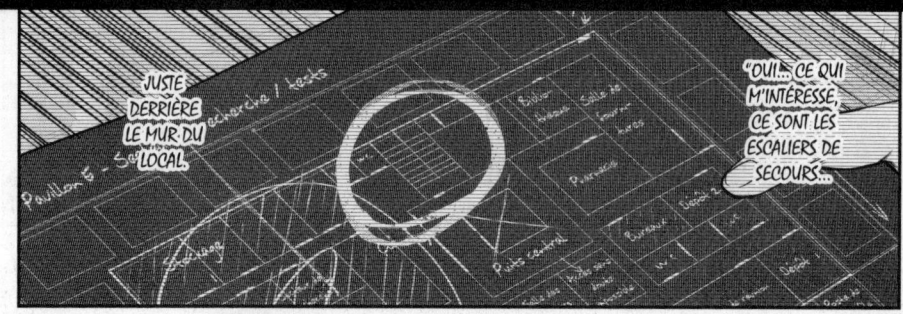

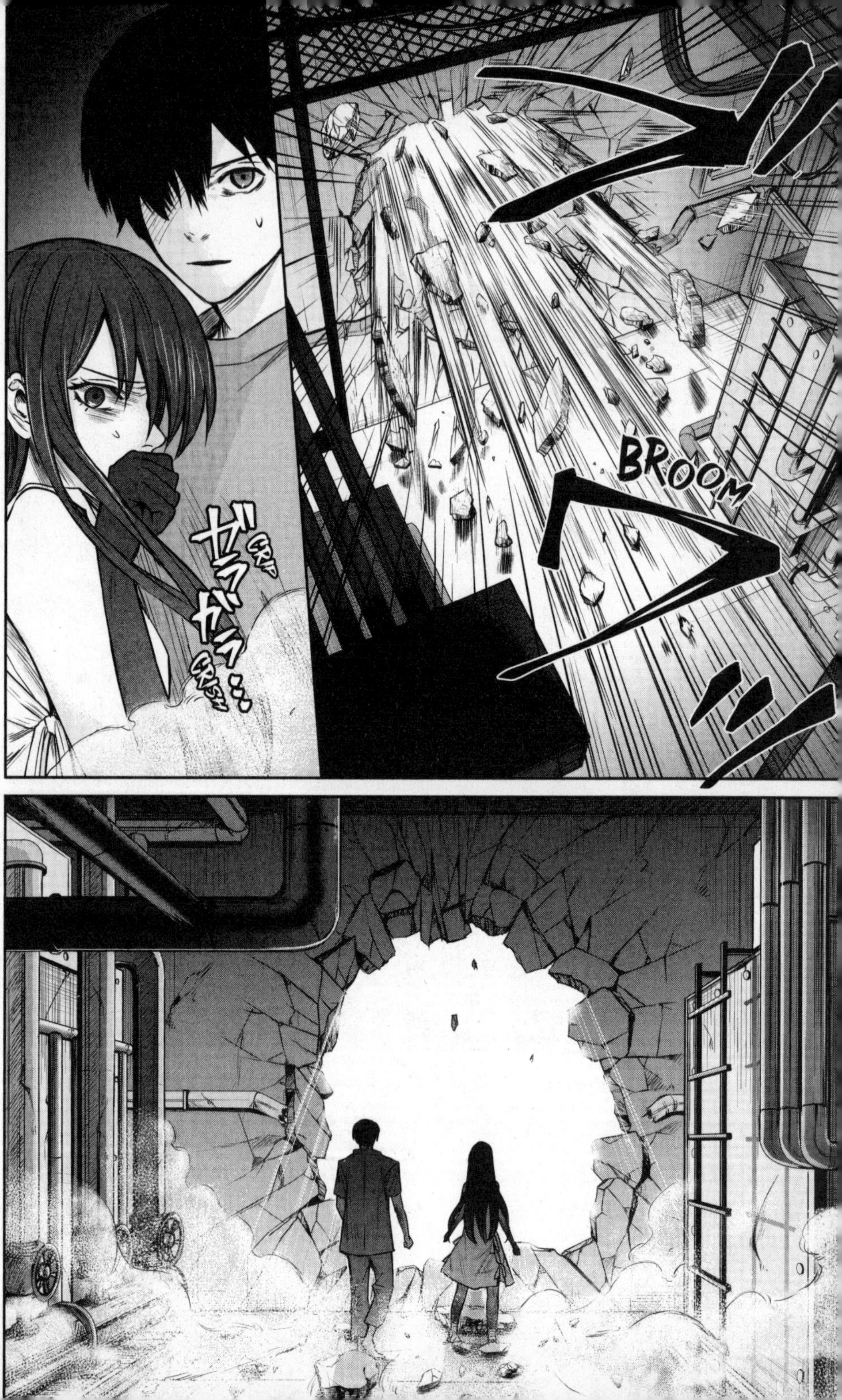
BROOM
CRIP
ガラガラ…
CRASH

ON Y
EST...

Lui ?

2. La chambre de N-004

1. Façon de parler

TA FAÇON DE PARLER EST UN PEU BIZARRE, MEER.

BIZARRE ?

J'AI L'IMPRESSION QUE TU PASSES TON TEMPS À EXPLIQUER LES CHOSES ! MAIS BON, C'EST JUSTE UNE REMARQUE SANS MÉCHANCETÉ...

...

"AUTREFOIS...

À SON CONTACT, LEURS CORPS SE MIRENT À CHANGER..."

LE MINÉRAL QU'ILS RECHERCHAIENT ÉTAIT UN PEU SPÉCIAL.

LES DÉTENUS DE CETTE PRISON ÉTAIENT EMPLOYÉS COMME MINEURS.

HÉ, MAIS... COMMENT C'EST POSSIBLE ?!

Réponse : elle a déteint sur toi.

EH BIEN TOI, KAI, TU BLABLATES TOUT LE TEMPS !

La pièce occupée par N-004 était couverte d'une teinte indigo, au point qu'on l'appelait...

"la chambre bleue".

BEURK... DÉCIDÉMENT, JE NE M'Y FERAI JAMAIS...

TIENS ?

On profitait de ses absences régulières pour examens médicaux, afin de tout nettoyer.

Cette couleur venait des sécrétions organiques de N-004 qui s'accumulaient au fil des jours.

MYSTÉRIEUSE ACCUMULATION

Toutes les sécrétions étaient précieusement récupérées afin d'être étudiées.

Je me trouve sur une île isolée, très éloignée du continent.

Pourtant, je mène une vie de rêve, ici.

Comme je vis ici avec ma famille, je ne ressens pas la solitude.

D'ailleurs, j'ai vu récemment "La Forme de l'eau".

Il y a également un bar et bien sûr, un cinéma.

Les repas sont dignes de la table d'un roi, et il y a même une piscine chauffée qui donne sur la mer ! (Cet équipement permet au personnel de lutter contre la sédentarité.)

c'est que mes enfants vivent dans un monde meilleur.

Car tout ce que je souhaite...

pour ressentir une grande fierté.

il me suffit de penser que je contribue à l'essor de mon pays...

Quand parfois, je trouve mon travail trop dur ou pénible...

190

REMERCIEMENTS

001 / STAFF

Shohei Tagawa
Sumi Matsuzaki
Masumi Higashitani

002 / AIDE

Gaku Tanigaki
Tooki Iwai
Mai Kodama
Ren Okada

003 / RESPONSABLE ÉDITORIAL

M. Hasegawa

004 / CONSEILLERS

Mon frère
Azusa Terao

005 / PRISES DE VUE

Photographe MILK
Mitsui Matsushima Resources Co., Ltd (visite de la mine de charbon de l'île d'Ikeshima)
NITCA (Nagasaki international tourism and convention association)

Ce manga paru sur COMITIA, ce monde que je rêvais de raconter, a finalement pris la forme d'une série publiée dans le magazine *Young Jump* ensuite éditée en volumes reliés. Rien n'aurait été possible sans la collaboration de tant de personnes. Je vous remercie sincèrement. Pour moi, c'est un rêve qui s'est réalisé.

Quant à vous, chères lectrices et chers lecteurs, j'espère que vous suivrez notre héros Kai jusqu'à la fin de ses aventures. Encore merci.

Tsuruyoshi

BLUE PHOBIA

ACTE-008

Une goutte écarlate
dans une mer indigo

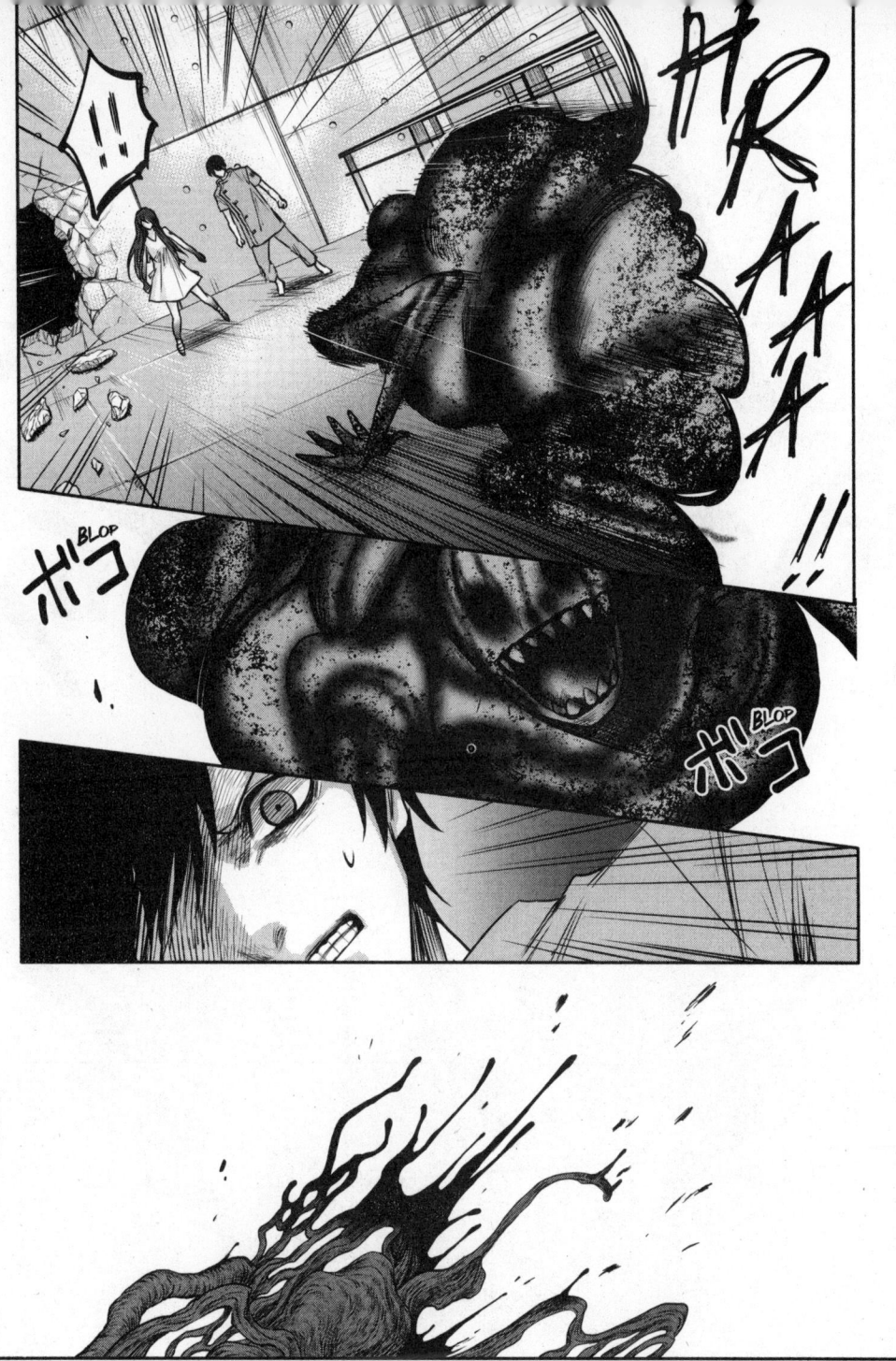

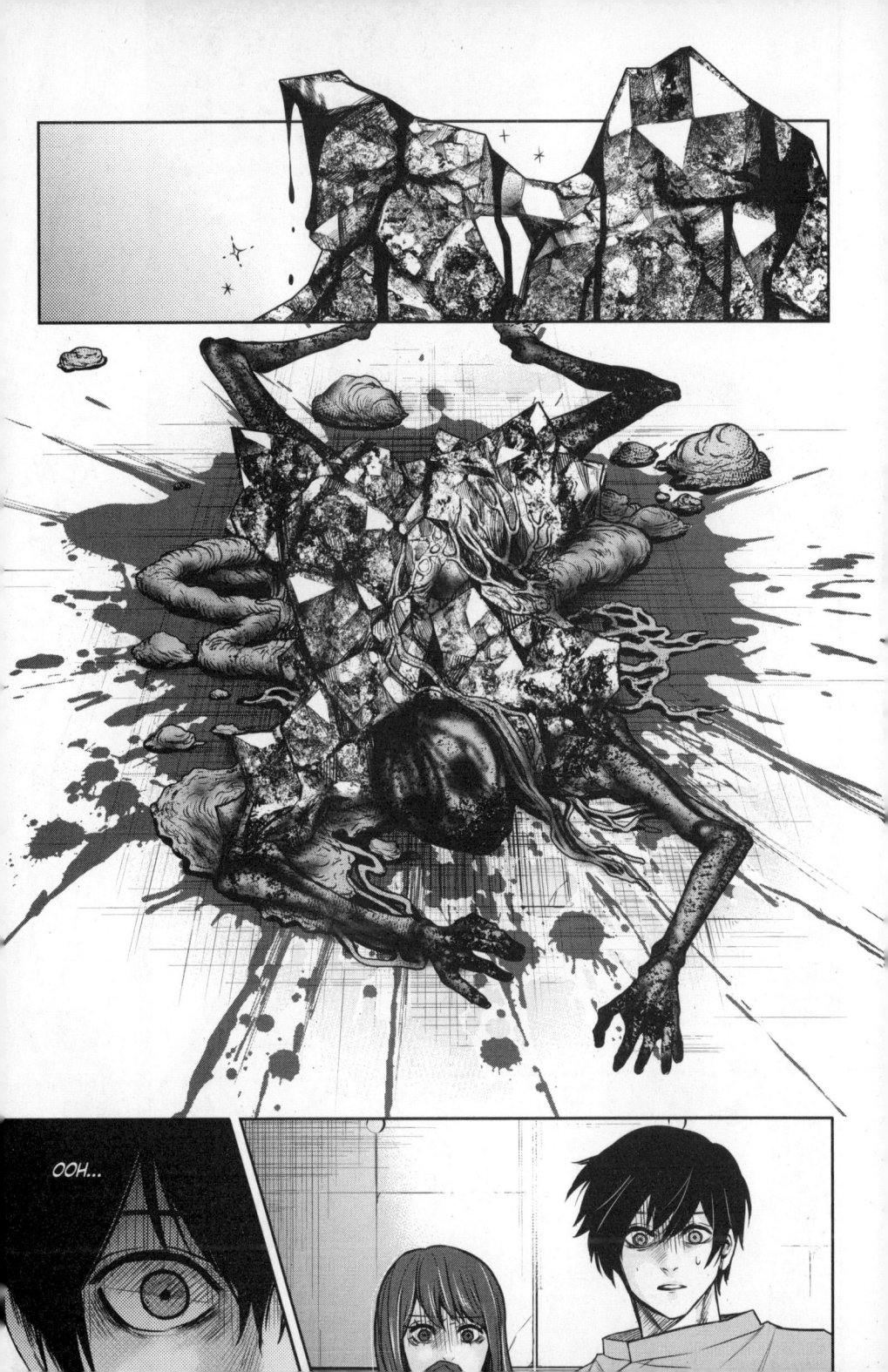

OOH...

IL FAIT NOIR COMME DANS UN FOUR, LÀ-DEDANS...

LA PORTE EST OUVERTE...

DE TOUTE FAÇON...

...

HAA

HAA

ENCORE UN PIÈGE ?

Pavillon E
-
Trentième étage

LES ESCALIERS S'ARRÊTENT LÀ ?

LAMPE

ZII KIII...

ON DOIT AVANCER.

LA チャ CLAC

C'EST PARCE QUE TU COMPTAIS FUIR PAR LES ÉTAGES INFÉRIEURS.

NE FIGURE PAS SUR LA CARTE...

FLIF

Pavillon 5 - Secteur de rech...

Lieux fréquentés à éviter

Infirmerie de nuit

CET ENDROIT...

COMMENT ÇA ?

J'AI PEUT-ÊTRE EU TORT D'EMPRUNTER CES ESCALIERS...

ON S'ÉCARTE DE PLUS EN PLUS DU PLAN INITIAL...

JE VOIS...

UN CHEMIN D'ÉVACUATION SE TROUVE DANS LES SOUS-SOLS.

TU VOULAIS PASSER PAR LÀ, AU DÉPART.

FACE À L'IMPRÉVU, IL FAUT SAVOIR RÉAGIR...

...

NON, CE SONT LES ÉVÈNEMENTS QUI S'ÉCARTENT DU PLAN...

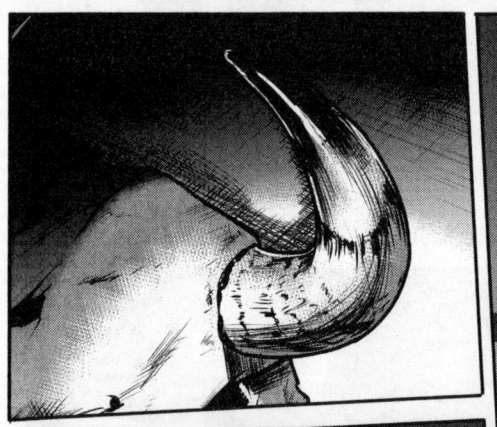

?

QUOI ?

ATTENDS ...

OUI ?

KAI...

...

ÉCLAIRE CETTE PIÈCE, S'IL TE PLAÎT.

DES SQUELETTES D'ANIMAUX ?

!!

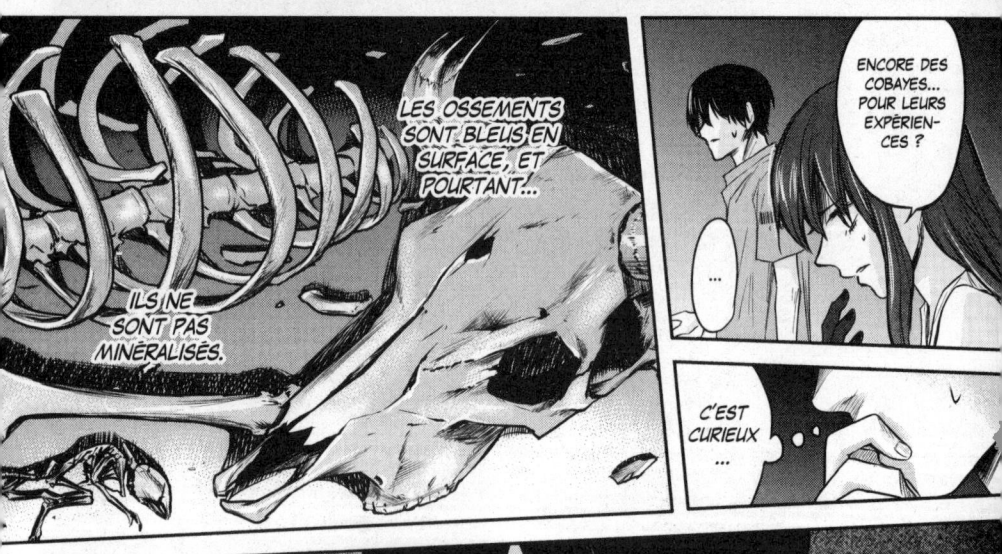

LES OSSEMENTS SONT BLEUS EN SURFACE, ET POURTANT...

ILS NE SONT PAS MINÉRALISÉS.

ENCORE DES COBAYES... POUR LEURS EXPÉRIENCES ?

...

C'EST CURIEUX...

LA MALADIE INDIGO NE FRAPPERAIT QUE LES HUMAINS ?

CES ANIMAUX ÉTAIENT IMMUNISÉS ?

COMMENT
ONT-ILS
OSÉ...

DANS
CE
CAS...

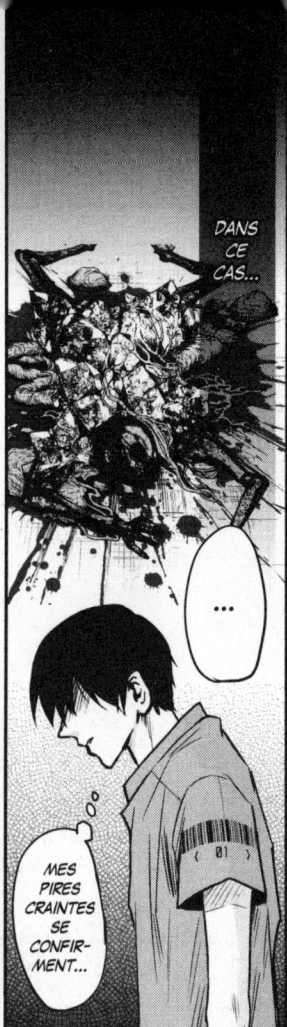

...

KAI...

GWIP

MES
PIRES
CRAINTES
SE
CONFIR-
MENT...

QUOI ?

IL Y A
QUELQU'UN,
DANS L'AUTRE
PIÈCE.

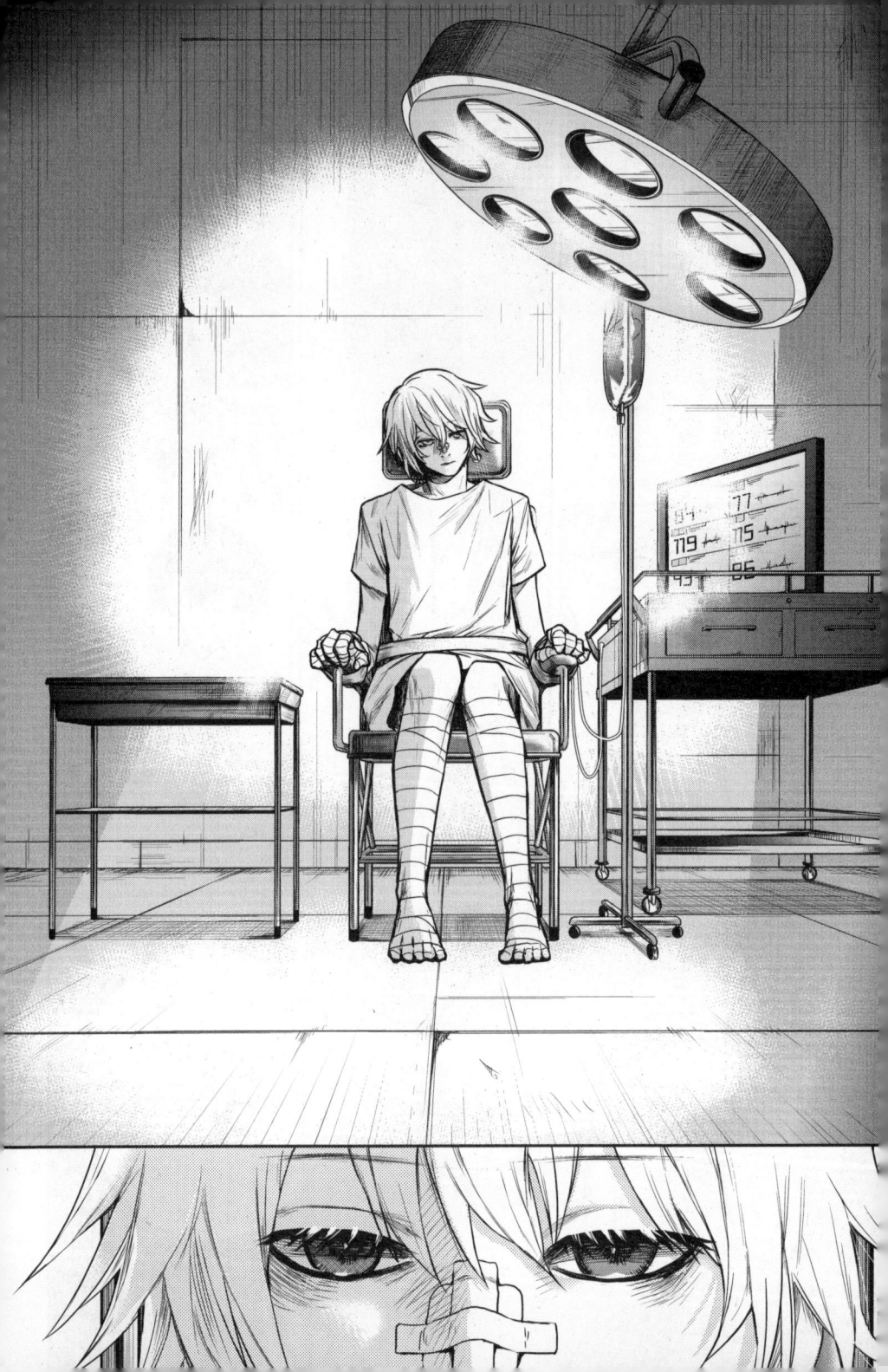

DES CHEVEUX D'UN BLANC PUR...

ET DES YEUX PARFAITEMENT ROUGES.

AVAIS LE REGARD SATURÉ DE BLEU...

CES COULEURS FORMÈRENT...

POUR MOI QUI, DEPUIS MON RÉVEIL...

UNE VISION PERTURBANTE.

SUR DES ÉVÉNEMENTS INTERNES AU CENTRE DE RECHERCHE CAIROSEI.

CE MATIN, NOUS AVONS REÇU UN RAPPORT ULTRA-CONFIDENTIEL...

ZU WP

QUI D'ENTRE VOUS AURAIT LE TEMPS...

J'AIMERAIS QUE QUELQU'UN SE RENDE SUR PLACE POUR PRENDRE LES CHOSES EN MAIN.

SELON CE RAPPORT, DEUX PATIENTS DU CENTRE SONT EN FUITE.

MOI !

ACTE-009 Mise à feu

TAP

TU PARLES !

DES RAFRAÎCHISSEMENTS...

IL EST PAS UN PEU BIZARRE, CE GARS ?

*Soupe de haricots **Saké doux

OOH ! B... BONJOUR !!

TAP !!

BIEN LE BONJOUR !

FUKAMI, DU COMITÉ DE PROMOTION "BLUE ENERGY" !

Promotion Committee for blue energy
Keiichi Fukami

LE DÉVELOP-
PEMENT DU
MINÉRAL
EST REMAR-
QUABLE.

EN
EFFET.

CELA
CONFIRME
L'HYPOTHÈSE
D'UNE MINÉRA-
LISATION
OSSEUSE
ACCÉLÉRÉE
PAR L'EFFORT
PHYSIQUE...

MMH...

CES
RÉSULTATS
SONT DES PLUS
PRÉCIEUX...

TAP カッ
TAP カッ
TAP カッ

UN MEMBRE DU COMITÉ VIENT D'ARRIVER...

TU NE VOIS PAS QU'ON EST EN PLEINE DISCUSSION ?!

P... Pardon... C'est que...

EST-CE...

UN AVION ?

ÉLECTRIQUE, VOUS DITES ?

CELUI-CI EST DIFFÉRENT DES AUTRES. IL DISPOSE D'UNE PROPULSION ÉLECTRIQUE CONÇUE POUR PARCOURIR DE LONGUES DISTANCES.

IL PRODUIT DIRECTEMENT DE L'ÉLECTRICITÉ.

AUTREMENT DIT, UN SIMPLE MORCEAU DE CE MINÉRAL EST UNE PETITE CENTRALE ÉLECTRIQUE.

LE SAPHIR MARIN N'EST PAS UN COMBUSTIBLE CLASSIQUE COMME LE CHARBON OU L'URANIUM.

CONTRAIREMENT À CES DERNIERS...

INTÉRES-SANT...

CHAQUE JOUR, LES CHERCHEURS DU CENTRE FONT UNE NOUVELLE DÉCOUVERTE !

SI VOUS SAVIEZ, ILS SONT EXCITÉS COMME DES ENFANTS !

HA HA HA !

GRÂCE AU FORT POTENTIEL ÉLECTRIQUE DE CE MINÉRAL, MÊME LES PROJETS LES PLUS FOUS...

FINIRONT PAR DEVENIR RÉALITÉ.

CET AVION N'EST QU'UN EXEMPLE DES NOMBREUX PROJETS QUE NOUS DÉVELOPPONS.

IMPRES-SIONNANT... C'EST VRAIMENT UNE SOURCE D'ÉNERGIE IDÉALE.

...

LE COMITÉ A ENTENDU DIRE QUE...

JE SUIS VENU ICI POUR UNE RAISON PRÉCISE.

OUI ?

À PROPOS...

DEUX DE VOS PATIENTS ÉTAIENT EN FUITE.

SI VOUS LE DITES.

MÊME SI UN TEL PROBLÈME SE PRÉSENTAIT, CELA N'ENTRAÎNERAIT AUCUNE FUITE D'INFORMATION.

HA... HA HA HA !

QU'EST-CE QUE VOUS RACONTEZ, ALLONS ?

CETTE HISTOIRE SERAIT FAUSSE ?

VOUS VOUS ÊTES INQUIÉTÉS POUR RIEN, VRAIMENT !

BIEN, J'EN INFORMERAI LE COMITÉ.

BIEN SÛR ! QUI A BIEN PU INVENTER ÇA ?

...

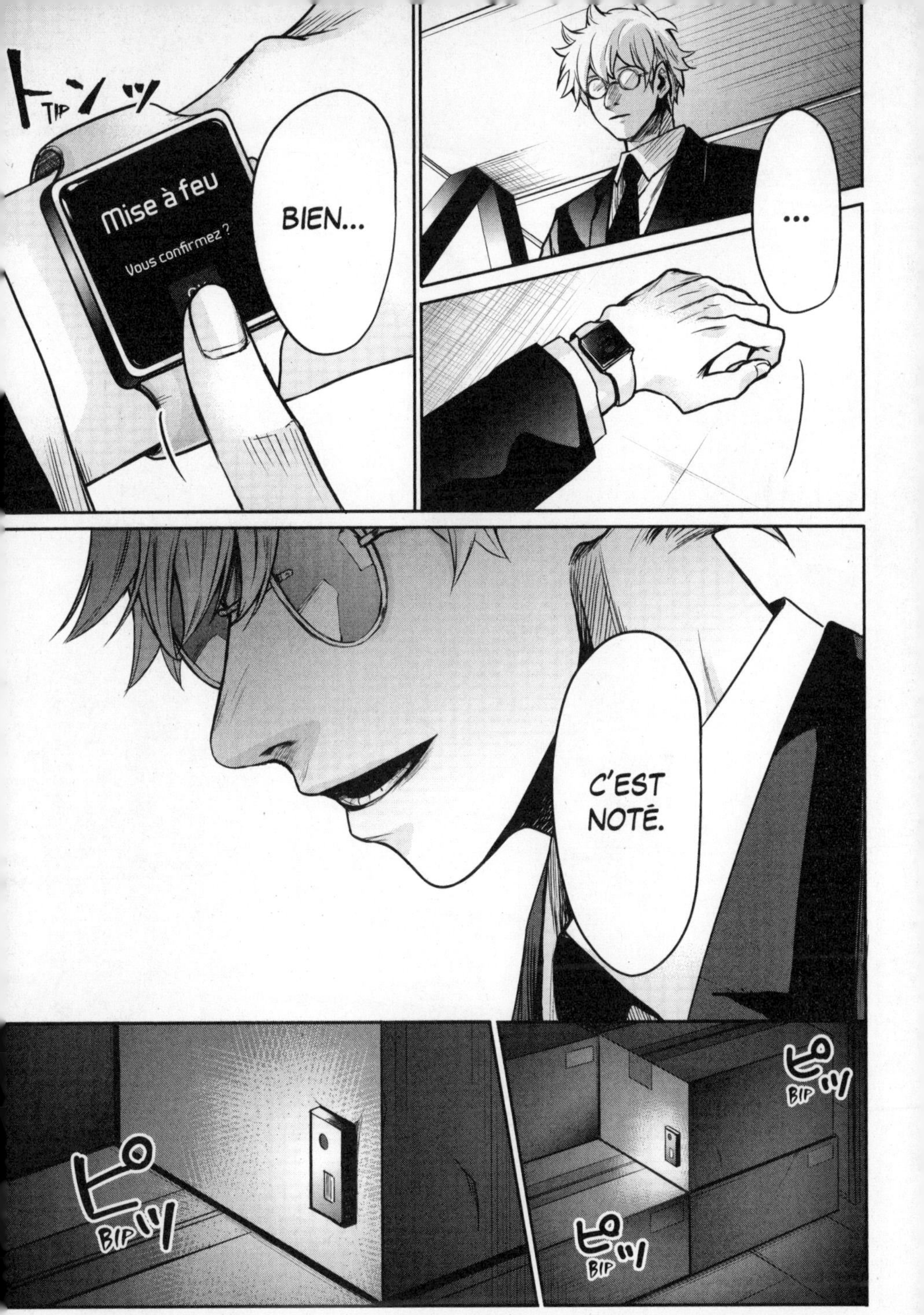
...
BIEN...
Mise à feu
Vous confirmez ?
TIP
C'EST NOTÉ.
BIP
BIP
BIP

WAM

UNE
EXPLO-
SION ?!

QUE SE
PASSE-
T-IL ?

"JE VAIS EFFACER LA MÉMOIRE DE TOUT LE PERSONNEL DU CENTRE."
!!
J'AI DÉJÀ INSTALLÉ UN BROUILLEUR RADIO POUR BLOQUER LES COMMUNICATIONS AVEC L'EXTÉRIEUR.
TOUTE RÉSISTANCE SERAIT VAINE.
"UTILISE LA LIGNE DE SECOURS !"
TIP
OBÉISSEZ BIEN GENTIMENT... SINON...

VOUS AURIEZ DÛ M'ÉCOUTER JUSQU'AU BOUT.

DÉSOBÉISSEZ-MOI ENCORE UNE FOIS, ET...

C'EST TOUTE L'ÎLE QUE JE FAIS SAUTER.

POUR VOTRE GOUVERNE, SACHEZ QUE M'ATTAQUER SERAIT UNE GRAVE ERREUR.

CES PETITES EXPLOSIONS ÉTAIENT UNE SIMPLE DÉMONS-TRATION.

EN EFFET, SI PAR MALHEUR MON CŒUR DEVAIT CESSER DE BATTRE, LES EXPLOSIFS SERAIENT AUTOMATIQUEMENT MIS À FEU.

Arrêt cardiaque

EN CE MOMENT MÊME, D'AUTRES BOMBES SONT DISSÉMINÉES SUR L'ÎLE.

SEIFUN BEST

NET 10kg

ESSAYONS DE RÉCAPITULER.

Pavillon E – Dépôt du trentième étage

D'AUTRE PART, SI JE ME FIE À MON HORLOGE BIOLOGIQUE, JE DIRAIS QU'UNE DOUZAINE D'HEURES SE SONT ÉCOULÉES DEPUIS MON RÉVEIL.

J'AI PU VOIR LA POSITION DU SOLEIL, TOUT À L'HEURE... IL EST ENTRE MIDI ET 14 HEURES.

TU ES VENUE ME SAUVER LE 28 JUILLET.

SELON NOTRE PLAN D'ÉVASION, FUKAMI DOIT VENIR NOUS CHERCHER LE 31 JUILLET À 3 HEURES DU MATIN.

OUI...

NOUS NE SOMMES DONC PAS LE 31 JUILLET ET POURTANT, FUKAMI ESSAIE DÉJÀ DE NOUS CONTACTER.

EN CONSÉQUENCE, JE PENSE QU'IL EST AU COURANT POUR MON AMNÉSIE.

AU DÉBUT, ON PRÉVOYAIT DE LE REJOINDRE EN PASSANT PAR LES SOUS-SOLS.

mi Keiichi
Hinode

To Mr. Kai Staff
LEVEL 2 - E
The island of cairosei

NOUS DEVONS DONC TROUVER COMMENT SORTIR D'ICI PAR NOS PROPRES MOYENS...

LE PROBLÈME, C'EST QU'ON IGNORE CE QU'IL PEUT FAIRE POUR NOUS.

JE SUPPOSE QUE FUKAMI NOUS DEMANDE DE PASSER À L'ACTION.

"JE N'AI QUE FAIRE D'UN OISEAU SANS AILES"...

J'IMAGINE QUE J'EN SAVAIS BEAUCOUP SUR CE LIEU, AVANT MON AMNÉSIE...

DANS QUELLE DIRECTION AVANCER, À PRÉSENT ?

...

COMMENT FAIRE POUR EN OBTENIR ?

...

SI SEULEMENT J'AVAIS PLUS D'INFOS SUR L'ÎLE ELLE-MÊME...

Je n'ai que faire d'un oiseau sans ailes

C'ÉTAIT L'EXPRESSION EFFRAYANTE DE TON VISAGE.

NON, TU NE M'AS RIEN DIT DE PLUS...

MAIS...

UN TRAITEMENT ? JE T'AI DONNÉ DES DÉTAILS ?

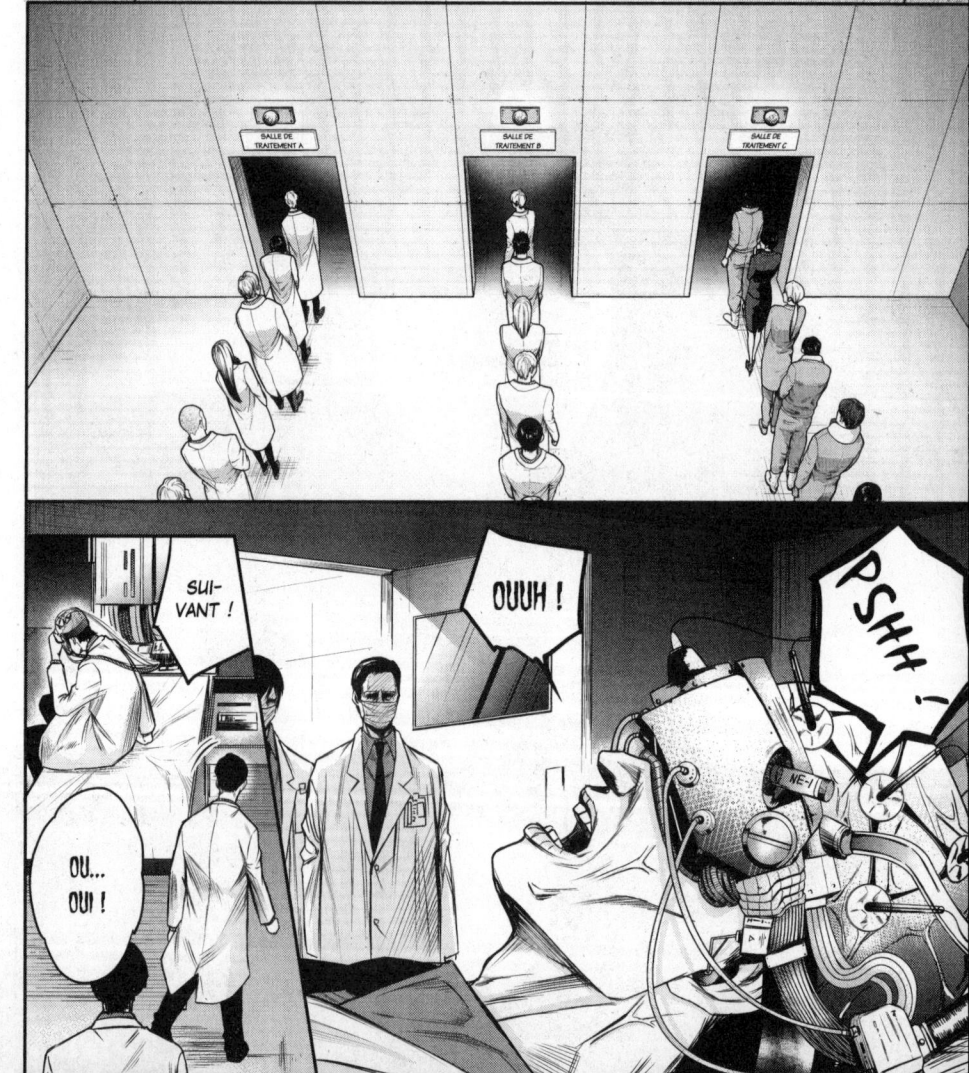

ÉTANT DONNÉE LA CADENCE DE TRAITEMENT, EFFACER TOUTES LES MÉMOIRES PRENDRA 27 HEURES.

LE CENTRE COMPTE 3740 EMPLOYÉS.

J'AI HÂTE DE VOIR...

COMMENT CES DEUX-LÀ VONT AGIR.

DÉFENSE D'ENTRER

HANADA ELECTRICS CO.

A-T-ON VRAIMENT BESOIN DE SACRIFICES POUR AVANCER ?

HÉ, FUKAMI !

BUVEZ UN COUP À MA SANTÉ !

J'AURAIS BIEN AIMÉ MAIS JE SUIS PRIS, CE SOIR !

SÉRIEUX ?!

TU VIENS PICOLER AVEC NOUS ? CE SONT LES AÎNÉS QUI RÉGALENT !

DÉSOLÉ !!

SI ON NE TROUVE PAS UNE SOURCE D'ÉNERGIE ALTERNATIVE, ON FINIRA PAR RELANCER LES RÉACTEURS...

LA CENTRALE NUCLÉAIRE EST À L'ARRÊT DEPUIS L'ACCIDENT, MAIS...

L'EXTRACTION DES RESSOURCES MARINES... IL FAUT PEUT-ÊTRE DÉVELOPPER LES TECHNIQUES DE FORAGE...

CES DERNIÈRES ANNÉES, LA DEMANDE D'ÉLECTRICITÉ CONTINUE DE GRIMPER PARTOUT DANS LE MONDE.

TAK TAK

TIENS ?

LE "SAPHIR MARIN" ?

SAPHIR MARIN : LE GISEMENT ÉNERGÉTIQUE DU FUTUR

SAPHIR MARIN

Le saphir marin est l'une de ces ressources situées au niveau du plancher océanique, considérées comme de potentielles énergies du futur.

Le saphir est avantageux du point de vue de la préservation de l'environnement car il ne génère ni CO_2 ni aucun autre déchet.

Grâce aux recherches menées ces dernières années, il est mieux placé que les énergies fossiles concurrentes pour une exploitation industrielle.

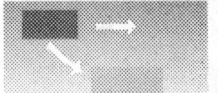

BRR

DANS LES ANNÉES QUI VIENNENT, UNE EXPLOITATION INDUSTRIELLE POURRA FAIRE BAISSER SON COÛT POUR L'INSTANT ENCORE ÉLEVÉ.

CE MINÉRAL À "ZÉRO DÉCHET" EST UNE ÉNERGIE PROPRE.

D'UN POTENTIEL ÉQUIVALENT À L'ÉNERGIE NUCLÉAIRE...

C'EST QUOI, CE MINERAI ?

SELON LE BOUDDHISME, LA COULEUR BLEUE DE L'OGRE...

SYMBOLISE LE DÉSIR DE L'HOMME."

"LE DÉSIR ?"

TU TE SOUVIENS DU CONTE DE L'OGRE BLEU ?

LE BLEU DU DÉSIR HUMAIN...

"LE BLEU DES ABYSSES MARINS...

L'UN COMME L'AUTRE, D'UNE PROFONDEUR INFINIE..."

HA HA HA !

ATTENDS-MOI !

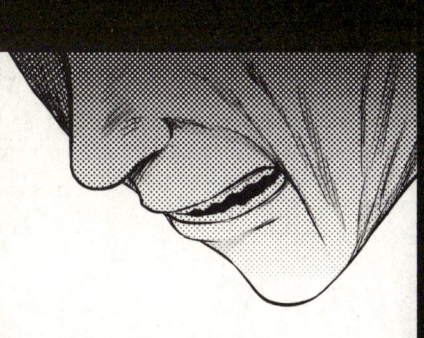

NE ...RT PAS ...I, LES ...FANTS !

JE ME SUIS ASSOUPI...

"AVEUGLE EST L'HOMME QUI CÈDE À SES DÉSIRS."

...

SAPHIR MARIN : LE GISEMENT É...

La saphir ma... situées au... considérée... futur. ...phir en... génère ni C... Grâce aux... années, il... concurren... industriel...

AVEUGLE...

SAPHIR MARIN

POURQUOI CE VIEUX SOUVENIR ? POURQUOI MAINTE-NANT ?

LES AMÉRICAINS AYANT ÉTÉ À L'ORIGINE DE CETTE DÉCOUVERTE, JE ME RENDIS AUX ÉTATS-UNIS.

JE ME PLONGEAI DANS LEURS ARCHIVES, ET UN JOUR...

QUELQUE CHOSE D'IMPORTANT M'ÉCHAPPAIT.

JE PRIS DONC LA DÉCISION D'EN SAVOIR PLUS SUR LE SAPHIR MARIN.

UN DOCUMENT ÉMERGEA.

DANS LES ANNÉES 1930, ON AVAIT ENVOYÉ DES MINEURS SUR UNE ÎLE SUITE À LA LOCALISATION D'UN GISEMENT DE SAPHIR MARIN.

ON FERMA LA MINE APRÈS LA GUERRE.

LES MINEURS FURENT RAPATRIÉS, MAIS NOMBRE D'ENTRE EUX MANQUAIENT À L'APPEL.

UNE VAGUE INQUIÉTUDE ME SAISIT ALORS.

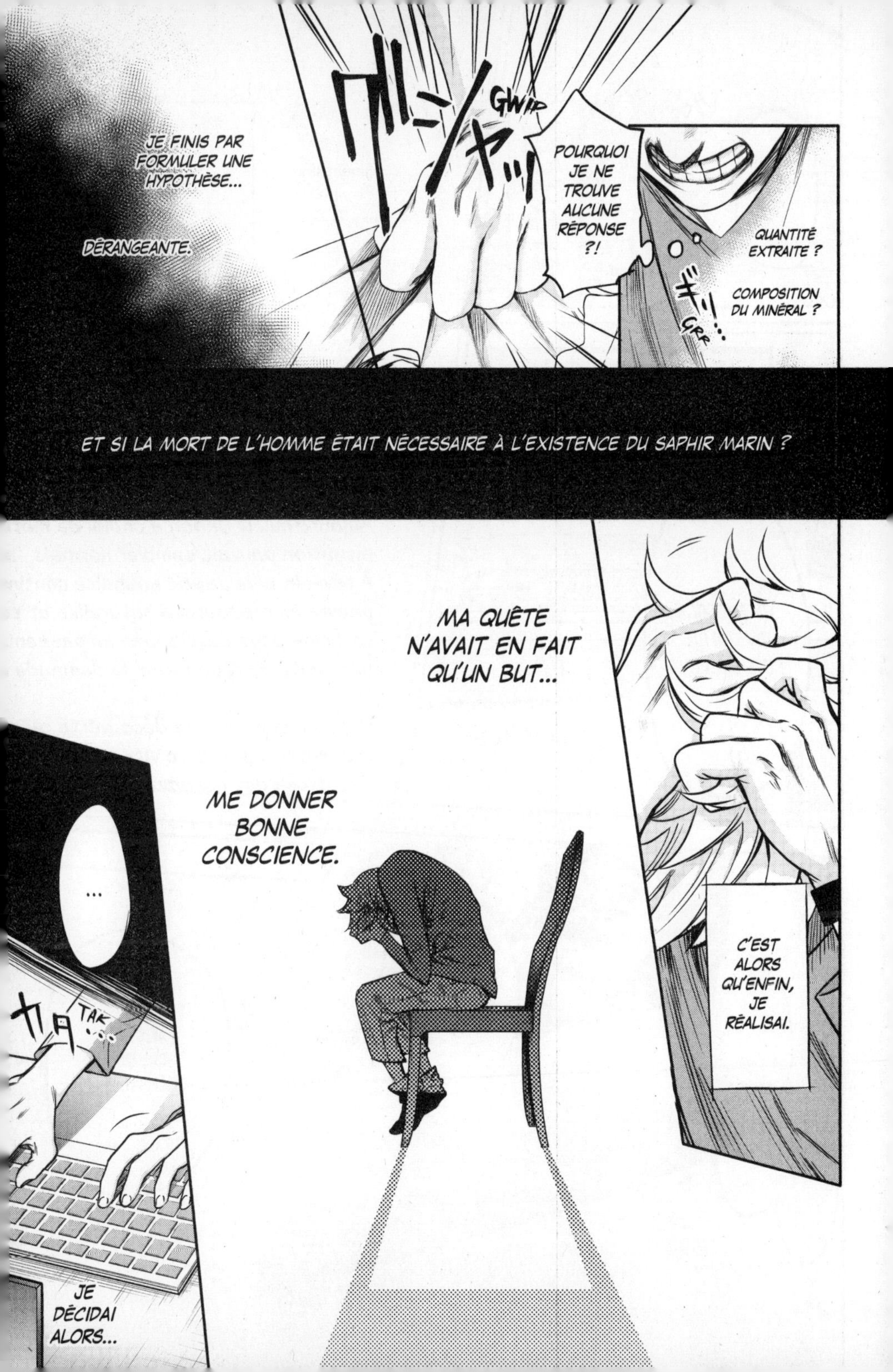

JE FINIS PAR FORMULER UNE HYPOTHÈSE...

DÉRANGEANTE.

POURQUOI JE NE TROUVE AUCUNE RÉPONSE ?!

QUANTITÉ EXTRAITE ?

COMPOSITION DU MINÉRAL ?

GWIP

GRR...

ET SI LA MORT DE L'HOMME ÉTAIT NÉCESSAIRE À L'EXISTENCE DU SAPHIR MARIN ?

MA QUÊTE N'AVAIT EN FAIT QU'UN BUT...

ME DONNER BONNE CONSCIENCE.

...

C'EST ALORS QU'ENFIN, JE RÉALISAI.

TAK...

JE DÉCIDAI ALORS...

LA PRODUCTION MASSIVE DE SAPHIR MARIN.

!

...

IL SERAIT PLUS BÉNÉFIQUE QUE NOUS PUISSIONS, APRÈS NOTRE MORT, TRANSMETTRE LE RELAIS... UN PEU COMME AVEC LE DON D'ORGANE.

À QUOI SERVENT NOS TOMBES, POUR LES GÉNÉRATIONS FUTURES ? À RIEN.

NOUS ENVISAGEONS DE PRODUIRE DE L'ÉNERGIE À PARTIR DE CADAVRES HUMAINS.

VOUS EN ÊTES CONSCIENT, J'IMAGINE ?

ENCORE FALLAIT-IL ÊTRE SÛR QUE PAUVRES ET RICHES...

AIENT À SUPPORTER LA MÊME CHARGE.

UN AVENIR RADIEUX ?

SANS DOUTE, OUI.

J'AVAIS PU LE CONSTATER AVEC MON VILLAGE NATAL : CE SONT LES PLUS FAIBLES QUI PAIENT LES POTS CASSÉS.

EN EFFET...

C'ÉTAIT DONC À MOI DE LE FAIRE.

LA PLUS GRANDE CATASTROPHE DE L'HUMANITÉ.

CE MINERAI COCHAIT TOUTES LES CASES POUR DEVENIR...

...

C'EST UN JEUNE CHERCHEUR DU LABO QUI POSE PROBLÈME...

POUR QUELLE RAISON ?

IL DÉTACHE LES PATIENTS, LES FAIT ÉCRIRE, LE TOUT SANS AUTORISATION... EN BREF, IL ENFREINT LES RÈGLES.

C'EST EMBÊTANT, EN EFFET.

AH ÇA, OUI...

JE POURRAIS...

VOIR CE JEUNE CHERCHEUR ?

COMMENT FAIRE ?

IL SUFFIT DE L'IMMOBILISER ET DE LE BÂILLONNER, MESSIEURS !

GRÂCE À SA MONTRE INTELLIGENTE, IL PEUT DÉCLENCHER L'EXPLOSION D'UNE BOMBE...

"EXÉCU-TION".

"A-24"...

PAR COM-MANDE TACTILE OU VOCALE...

À LA MOINDRE TENTATIVE DE NOTRE PART, IL NOUS FRAPPERA LÀ OÙ ÇA FAIT MAL...

Mise à feu Exécution

ise à feu

Vous confirmez ?

DANS CE CAS...

TAP コツ

SANS PARLER DES RISQUES POUR LE PERSONNEL !

TAP コツ

ACTE-012   L'histoire d'un homme

ACTE-012   L'histoire d'un homme

LA MALADIE INDIGO ?

CET HOMME EST NÉ...

CHEZ LES "KYANOS", UNE PETITE TRIBU D'UN ARCHIPEL D'OCÉANIE.

LA TRIBU DES KYANOS SOUFFRAIT D'UNE CERTAINE MALADIE.

EXACT.

POK

LES KYANOS ÉTAIENT OPPRIMÉS PAR TOUS CEUX QUI CROISAIENT LEUR ROUTE.

CE QU'IL FAUT COMPRENDRE DANS CETTE HISTOIRE, C'EST QU'À CAUSE DE L'ASPECT REPOUSSANT DE LEURS MEMBRES BLEUS...

ILS ÉTAIENT FRAPPÉS PAR CE MAL À CAUSE...

D'UNE DISPOSITION GÉNÉTIQUE PARTICULIÈRE ET DE COUTUMES LOCALES UNIQUES.

AÏE !

ACCOMPAGNÉ DE SON AMI, ILS PARTIRENT À L'AVENTURE VERS LA VILLE VOISINE, "JUSTE POUR JETER UN ŒIL"...

ARRÊTE, ON VA SE FAIRE ENGUEU-LER...

ÇA VA, JE TE DIS !

C'EST DINGUE !

TU TIENS PAS À VOIR AUTRE CHOSE QUE LE VILLAGE ?!

ET LE MALHEUR FRAPPA.

ON L'A CAPTURÉ.

ON L'A LYNCHÉ ?

LA CURIOSITÉ AVAIT ÉTÉ LA PLUS FORTE.

275

IL SE RÉVEILLA,
ÉTENDU SUR
LA FROIDE
SURFACE...

D'UNE
TABLE
MÉTAL-
LIQUE.

WIIIM

ドォォイイイーン

ドゥン
DOM

ドゥン
DOM

ドゥン
DOM

OÙ SUIS-
JE ?

タゥ
TAK

タゥ
TAK

GYAAAH !!

IL DEVINT
LE PREMIER
SUJET
D'ÉTUDE.

ON L'AVAIT
AMENÉ ICI
MÊME, AU
CENTRE.

IL S'EST
RÉVEIL-
LÉ !

MAÎ-
TRISEZ-
LE !

タゥ
CLAC

タゥ
CLAC

N-001

SELON LES REGISTRES...

POURQUOI ? POURQUOI DOIS-JE SUBIR UN TEL TRAITEMENT ?!

NE ME TUEZ PAS !!

JE N'AI RIEN FAIT DE MAL !

ON A PENSÉ QUE LES KYANOS ÉTAIENT LES DESCENDANTS D'UN JEUNE HOMME, QUI AURAIT AUTREFOIS FUI L'ÎLE DES MINEURS...

LES MINEURS DES ANNÉES 1930 AVAIENT VU LEURS OS SE MINÉRALISER EN UNE DIZAINE D'ANNÉES, MAIS...

CHEZ LA TRIBU DES KYANOS, CETTE MINÉRALISATION PRENAIT LE DOUBLE DE TEMPS.

J'IMAGINE QUE LE CENTRE CAIROSEI S'EST INTÉRESSÉ DE PRÈS À CETTE TRIBU...

LA MALADIE SE SERAIT TRANSMISE DE PARENTS À ENFANTS, LES MEMBRES DE LA TRIBU DEVENANT DE PLUS EN PLUS RÉSISTANTS GRÂCE AUX MUTATIONS FAVORISÉES PAR LES RAPPORTS CONSANGUINS...

■ KYANOS   □ NORMAL

20 ANS   ←   10 ANS

MES MEMBRES BLEUS SONT SI RARES QUE ÇA ?! JE VOUS AI FAIT QUOI, HEIN ?!

C'EST ABSURDE !!

VOUS M'AVEZ OPPRIMÉ ET MAINTENANT, VOUS VOULEZ M'UTILISER ?!

C'EST HORS DE QUES-TION !!

JE ME VENGERAI !!

IL PROPOSA DE DONNER LA LOCALISATION DE SA TRIBU.

EN ÉCHANGE D'UN EMPLOI AU CENTRE...

L'HOM-ME NÉGO-CIA.

RARES SONT CEUX QUI CONNAISSENT SON SECRET...

CHEF ?!

KISUI ?! C'EST QUOI, CE DÉLIRE ?!

VOTRE SURPRISE EST COMPRÉHENSIBLE.

CLIC

IL SUFFIT D'UNE SIMPLE STIMULATION POUR QUE LE SAPHIR MARIN, OÙ QU'IL SOIT, LIBÈRE DE L'ÉLECTRICITÉ.

MGHH !

GHH !

CRIP

CRIP

CRISH

QUI AURAIT PU IMAGINER QUE LE CORPS DE CET HOMME AVAIT UN TEL POTENTIEL ?

CE MINÉRAL FUT UNE VÉRITABLE CHANCE, POUR LUI.

CRR

!!

J'IMAGINE QUE VOUS AVEZ COMPRIS ?

DES YEUX D'UN BLEU PROFOND...

C'EST MOI.

L'HOMME QUI S'EST SAUVÉ EN TRAHISSANT LES SIENS...

UN MALADE INDIGO ?!

BLUE PHOBIA

red ampoule.

C'EST UN PEU TROP CALME...

C'EST PEUT-ÊTRE FUKAMI QUI EST PASSÉ À L'ACTION ?

...

J'AI ENTENDU DES EXPLOSIONS, TOUT À L'HEURE...

LE TEMPS PRESSE...

AVANT MON AMNÉSIE...

JE ME DEMANDE CE QU'IL VEUT, CELUI-LÀ...

AVANT DE PRENDRE DES RISQUES, JE TIENS À M'ASSURER QU'IL EST BIEN DE NOTRE CÔTÉ...

290

CLAC ガリチャ

REGARDE.

QU'EST-CE QUI TE PREND ?

Date : 14 juin 2018 **Dossier clinique** N° de

Sujet n° : 003 (C-1036)

Âge : 14 ans

Poids : 43,2 kg

Groupe sanguin : AB

Progression de la maladie indigo

Stade 4

Objectif de l'étude

Test clini
blanchisseu

TU AS DIT QUE LE CENTRE DÉVELOPPAIT DIFFÉRENTS TRAITEMENTS, ET JUSTEMENT...

J'AI RESSENTI UNE SORTE DE MALAISE EN ENTRANT DANS CETTE PIÈCE, TOUT À L'HEURE...

?

UN DOSSIER MÉDICAL ?

C'EST BIEN ÇA ?

DOCTEUR...
GWIP
C'EST MOI ?
TU ME CONNAIS ?!
BOM BOM
KAI, DOUCEMENT !
RÉPONDS !!
VLAM !!
CRAK

EXPÉRIENCE
EN COURS

JE VOULAIS GUÉRIR CETTE MALADIE.

DES OS TRANSPARENTS...

BLANC...

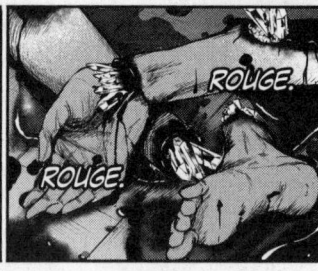

ROUGE.

ROUGE!

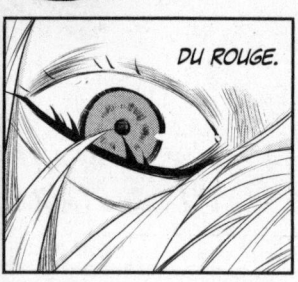

DU ROUGE.

JE VOULAIS LES DÉBARRASSER DE CET INDIGO.

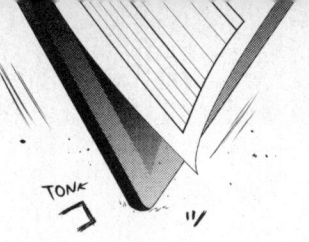

TONк

"LEUR REDONNER LA BLANCHEUR D'UNE PAGE VIERGE."

J'AI DÉCIDÉ DE TE SORTIR DE CETTE ÉQUIPE.

C'EST FAUX...

TOUT EST FAUX !

NON !! C'EST FAUX !

À L'ÉTROIT COMME NOUS LE SOMMES SUR CETTE ÎLE, JE NE PEUX TE LAISSER SEMER LE TROUBLE DANS NOTRE COMMUNAUTÉ.

TU AS DÉPASSÉ LES BORNES.

TU VAS ME FABRIQUER LE ███

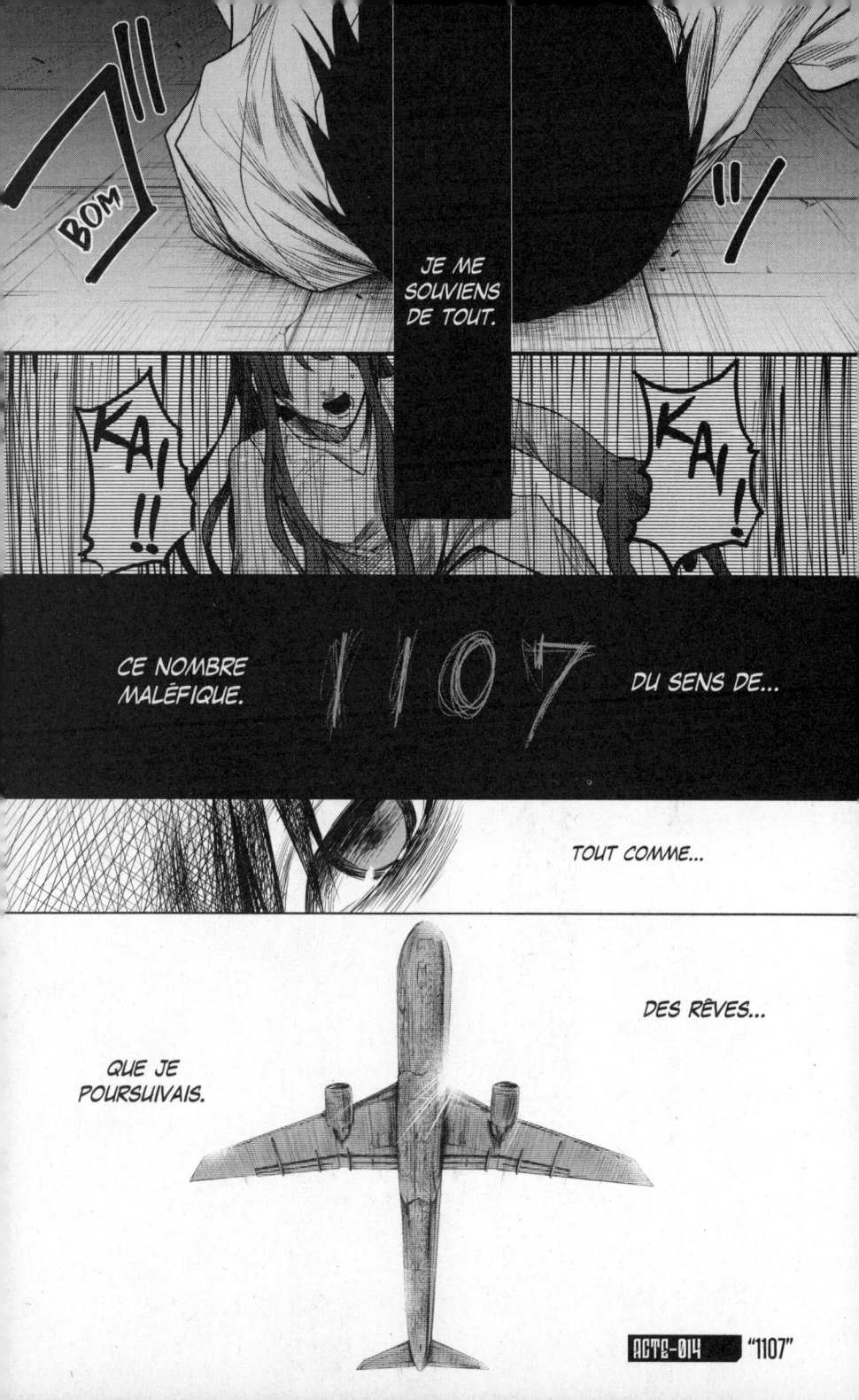

"1107"

CETTE HISTOIRE REMONTE À L'ÉPOQUE OÙ JE VENAIS D'ARRIVER SUR L'ÎLE.

MMH...

J'AI DONC MIS AU POINT UNE SORTE DE "BLANCHIS- SEUR".

J'AI CHOISI D'ABORDER LA QUESTION SOUS UN AUTRE ANGLE EN M'ATTAQUANT À LA COLORATION BLEUE, TYPIQUE DE CETTE MALADIE.

OUI.

JUSQU'À PRÉSENT, TOUTES VOS ÉTUDES CHERCHAIENT À ÉLUCIDER L'ORIGINE DE LA MALADIE INDIGO.

ENLE- VER LA COULEUR ?

AVANT LES ESSAIS, JE DOIS DÉJÀ M'ASSURER QUE MA FORMULE EST SANS DANGER.

OH... C'EST UN PEU TÔT.

INTÉRESSANT. FAIS VITE UNE DEMANDE D'ESSAI IN-VIVO.

ALLONS, ÇA NE POSE AUCUN PROBLÈME POUR UN SIMPLE RÉACTIF !

PARDON ?

TU PEUX BIEN UTILISER DEUX OU TROIS DE NOS COBAYES HUMAINS POUR PARFAIRE TA FORMULE !

NON

OUI

COMME TU LE SAIS, LA MALADIE INDIGO NE SE DÉVELOPPE QUE DANS LE CORPS HUMAIN.

ON NE PEUT PAS SUIVRE LES PROCÉDURES NORMALES DE TEST SUR DES SOURIS OU AUTRES ANIMAUX.

SAPHIR MARIN

OUI...

DES COBAYES... HUMAINS ?

LE COMITÉ NOUS DEMANDE DE MENER NOS EXPÉRIENCES...

SUR DES CORPS HUMAINS ARTIFICIELS.

À PART QUELQUES "EXCEP-TIONS"...

OUI, BIEN SÛR...

MON PETIT IGARASHI...

MAIS, MONSIEUR ...

CE SONT LES MÉTHODES DU CENTRE CAIROSEI, FAIS-TOI UNE RAISON.

310

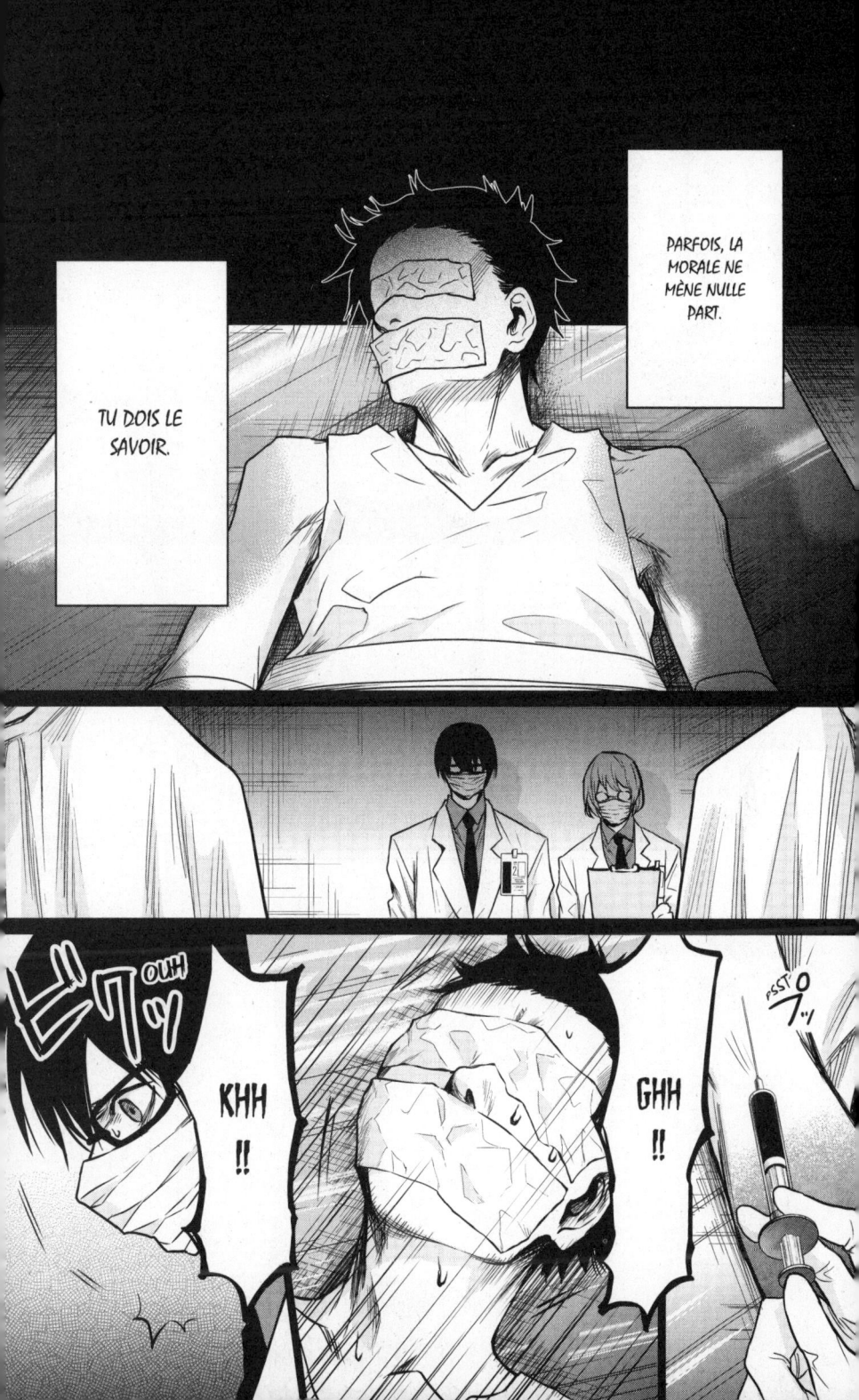

UN... PROJET, TU DIS ?
ON VEUT UTILISER LE "1107" POUR LANCER UNE PRODUCTION MASSIVE DE SAPHIR MARIN.
CETTE INFORMATION N'EST PAS CONFIDEN-TIELLE ?
C'EST VRAI, OUI... MAIS...
À PRÉSENT...
TU ES L'UN DES NÔTRES.
TIENS ?

MON
BLANCHIS-
SEUR A
DISPARU...

DE TOUTE FAÇON, JE NE POUVAIS PAS QUITTER L'ÎLE AVANT LA RÉUSSITE DU PROJET.

J'AI ALORS ...

JE ME SUIS DONC PLONGÉ DANS MES RECHERCHES.

RENON-CÉ À RÉFLÉ-CHIR.

QUAND LA CONCEPTION DU 1107 EST ENTRÉE DANS SA PHASE FINALE...

J'AI FAIT UN PARALLÈLE AVEC L'HISTOIRE.

VOICI CE QU'ILS DIRENT, À LA FIN DE LEUR VIE...

"NOUS AVIONS LE FOL ESPOIR QUE NOS INVENTIONS APPORTENT À CE MONDE UNE PAIX DURABLE.

NOUS NOUS SOMMES HÉLAS TROMPÉS."

ON RAPPORTE QUE LES FRÈRES WRIGHT, LES PIONNIERS DE L'AVIATION AYANT RÉUSSI LE PREMIER VOL PILOTÉ...

AVAIENT ÉTÉ SAISIS D'EFFROI EN VOYANT UN AVION LARGUER DES BOMBES.

IL DÉCLARA, EN CITANT UN TEXTE CLASSIQUE DE L'HINDOUISME ...

MILITA AU SEIN DU MOUVEMENT ANTINUCLÉAIRE.

APRÈS LA GUERRE, LE PHYSICIEN OPPENHEIMER, SURNOMMÉ LE "PÈRE DE LA BOMBE ATOMIQUE"...

"JE SUIS DEVENU LA MORT...

LE DESTRUCTEUR DES MONDES."

TOUS CES HOMMES REGRETTÈRENT LEURS DÉCOUVERTES.

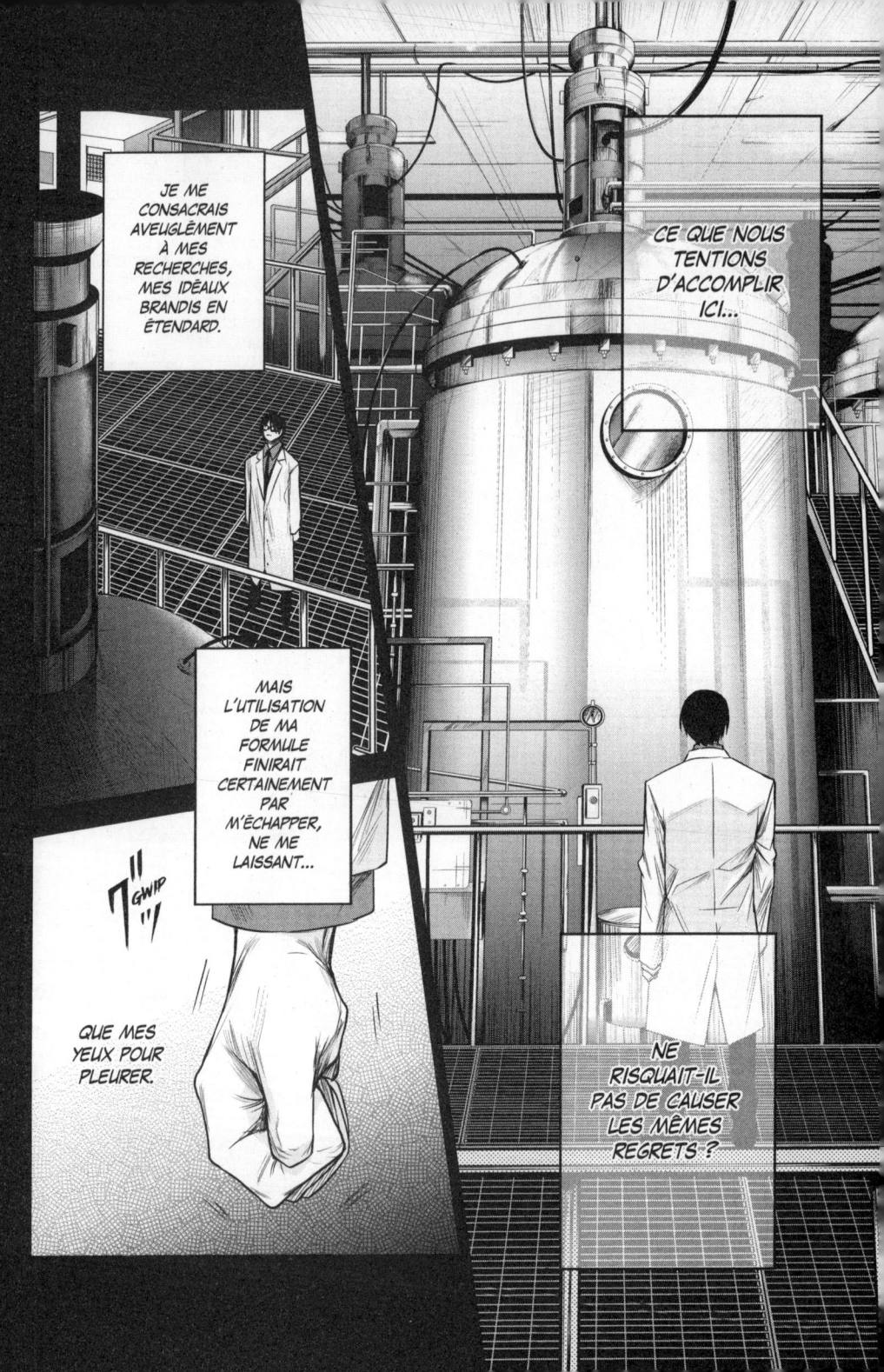

JE POUVAIS TOUT DÉTRUIRE.

J'AVAIS ENCORE CE POUVOIR.

CETTE FORMULE, CET ACCÉLÉRATEUR DE MINÉRALISATION... N'AVAIT PAS SA PLACE EN CE MONDE.

ET TANT PIS POUR CE QUI M'ARRIVERAIT ENSUITE.

LES DONNÉES LE CONCERNANT, LE SYSTÈME DE PRODUCTION...

ON A CONTACTÉ LE COMITÉ.

TOUT À L'HEURE...

FUKAMI...

RESTEZ SUR VOS GARDES !!

ON A TOUJOURS DEUX SUJETS EN FUITE !

SORTEZ LE PERSONNEL DES CONTAINERS, DIRECTION LE PAVILLON A !

LES PROCÉ-DURES D'EFFACE-MENT SONT STOPPÉES !

IL N'A JAMAIS DONNÉ L'ORDRE DE FAIRE "TABLE RASE".

CETTE TRAHISON VA TE COÛTER CHER.

MEER...
JE COMPRENDS ENFIN TON INQUIÉTUDE.
MERCI DE T'ÊTRE DÉMENÉE POUR ME SAUVER, SEULE.
TU PEUX COMPTER SUR MOI, DÉSORMAIS.

JE...

OUI.

ON A UN EX-COBAYE ROBOTISÉ COMME COLLÈGUE, C'EST DINGUE...

POUR ÉVITER LE SCAN- DALE !

POURQUOI AVOIR GARDÉ LE SECRET ?

ÇA ALORS, LE CHEF LUI-MÊME...

J'AI FAIT UNE GAFFE... IL FAUT DIRE QUE JE NE PENSAIS PAS TOMBER SUR CETTE ESPÈCE DE TERMINA-TOR...

IL M'A BRISÉ LES OS...

ZZ!!

DZZT

XXX!!

AÏE !

CE TYPE EST UNE VRAIE MACHINE DE GUERRE...

À MOINS QU'ON LUI ARRACHE LES MEMBRES, CETTE ÉNERGIE ÉLECTRIQUE NE S'ÉPUISERA JAMAIS.

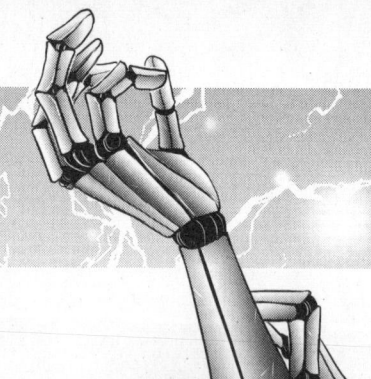

SON CORPS CONTIENT DU SAPHIR MARIN, AUTREMENT DIT, UNE BATTERIE PERPÉTUELLE ...

SHRRRK

K.R.R.R.K

QUE MON TERMINAL ENVOIE UNE ALERTE MÉDICALE AU GROUPE EXTÉRIEUR...

JE VAIS ME SAIGNER UN PEU, AFIN...

C'EST QUOI, CE BRUIT ?!

FWIP

IMPOSSIBLE D'ACTIVER MON TERMINAL...

DE TOUTE FAÇON, ILS VONT ME DÉCOUPER VIVANT POUR ME FAIRE PARLER...

JE N'AI PLUS QU'À SABOTER MES FONCTIONS VITALES, SI JE VEUX DÉCLENCHER LES EXPLOSIONS...

BIEN LE BONJOUR ! ICI UN EX-CHERCHEUR DU PAVILLON E RATTACHÉ AU PROJET PB...

KAI IGARASHI !

VOUS M'AVEZ RENDU AMNÉSIQUE DANS LE BUT DE ME MANIPULER...

MALHEUREU-SEMENT POUR VOUS, J'AI RETROUVÉ LA MÉMOIRE.

HEIN ?!

QUOI ?!

CODE-01 EST SUR LE MONITEUR DE LA SALLE DE SURVEIL-LANCE !

ENCORE LUI ?!

IGA-RASHI ?!

JE SUIS VENU NÉGOCIER.

VOICI NOS CONDITIONS. LA PREMIÈRE, FACILITEZ NOTRE ÉVASION...

LIVREZ-NOUS FUKAMI.

ET LA DEUXIÈME ...

LA BALLE EST DANS VOTRE CAMP.

...

C'EST VOTRE COMPLICE ?!

FUKAMI ?

DÉCIDEZ VITE, ET BIEN.

TU VEUX RÉCUPÉRER FUKAMI, VRAIMENT ?

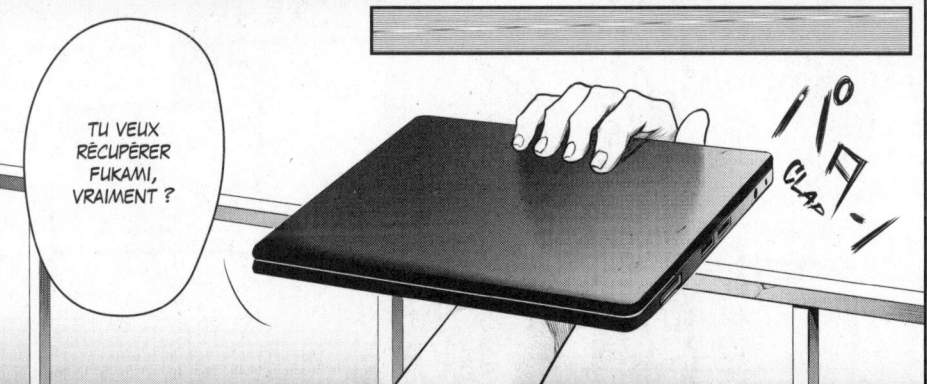

QU'ON A BESOIN DE LUI APRÈS UN TEL MESSAGE ?

Je n'ai que faire d'un oiseau sans ailes.

TU ES SÛR...

"TU NE VEUX PAS SOUMETTRE CETTE ÎLE MERDIQUE AU JUGEMENT DE LA SOCIÉTÉ ?"

QUAND FUKAMI M'A CONTACTÉ, IL M'A PROPOSÉ...

DE FACILITER NOTRE ÉVASION, EN ÉCHANGE...

C'EST CE QU'IL A AJOUTÉ...

DE MON TÉMOIGNAGE SUR LES AFFAIRES INTERNES DU CENTRE.

À PRÉSENT QUE MES SOUVENIRS SONT REVENUS, JE PEUX DIRE...

QU'AVOIR L'AIDE D'UN ÉLÉMENT EXTÉRIEUR SERA UN ATOUT ÉNORME.

JE COMPRENDS...

TING

FUKAMI A DONC ÉPARPILLÉ CES FEUILLES SANS PENSER À SA PART DU MARCHÉ...

PUISQU'À CE MOMENT-LÀ, J'ÉTAIS ENCORE AMNÉSIQUE.

1107

CALMEZ-VOUS.

LAISSEZ-MOI RÉGLER CETTE HISTOIRE.

PRENEZ LES PISTOLETS HYPODER- MIQUES !

LA PRODUCTION DU 1107 NE PEUT PAS SOUFFRIR D'UN NOUVEAU RETARD !

NON... UN FAUX-PAS SERAIT CATASTRO- PHIQUE !

ON LES ÉLIMINE TOUS LES DEUX AVANT QU'ILS NE PARLENT !!

WAM

TAP

TAP

TAP

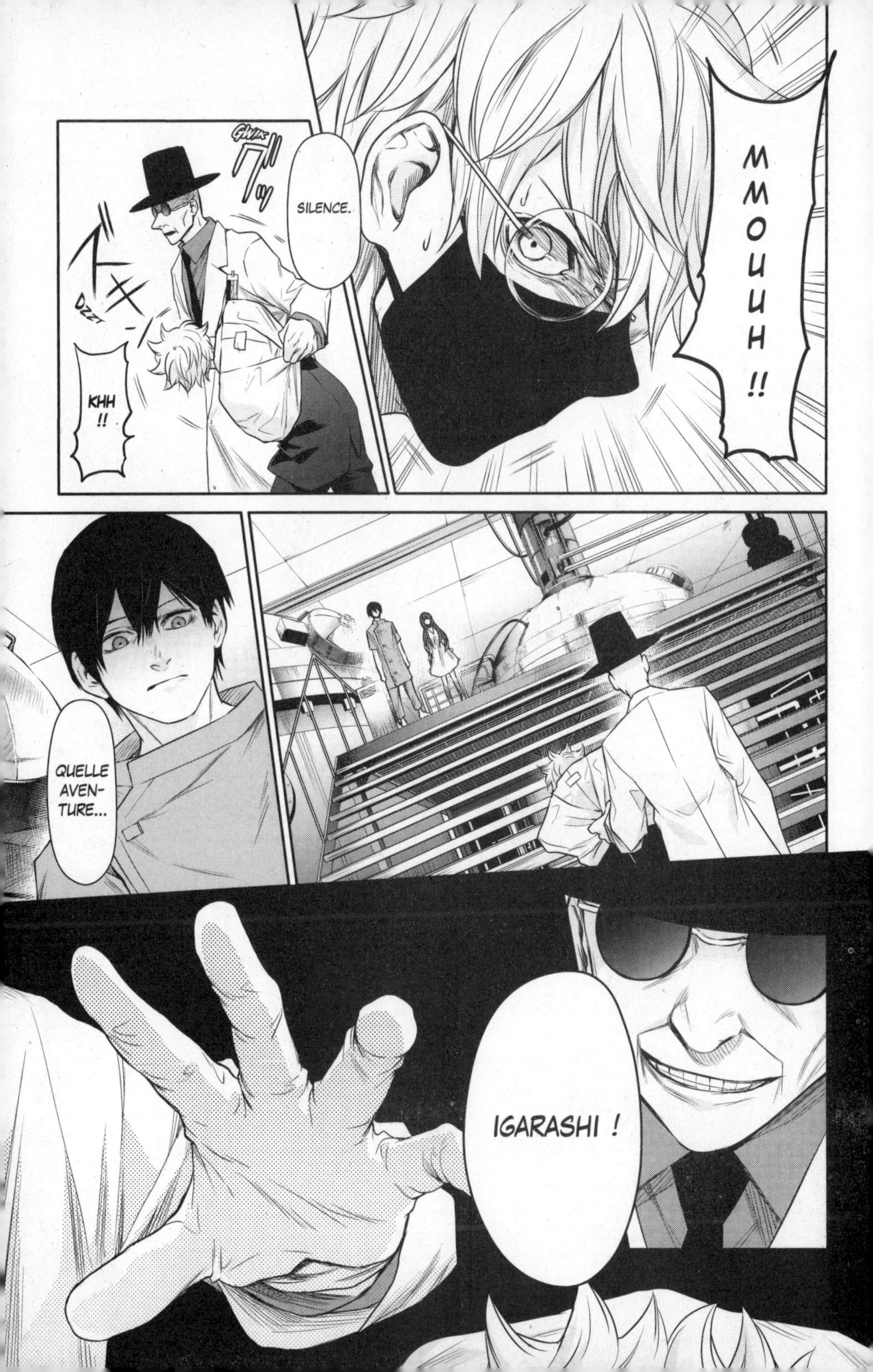
MMOUUH !!
SILENCE.
GNNK
DZZT
KHH !!
QUELLE AVENTURE...
IGARASHI !

FACE À CE QUE J'AI PROMIS DE PROTÉGER ?
CE N'EST PAS LE MOMENT...
DE CRAQUER !

BLUE PHOBIA

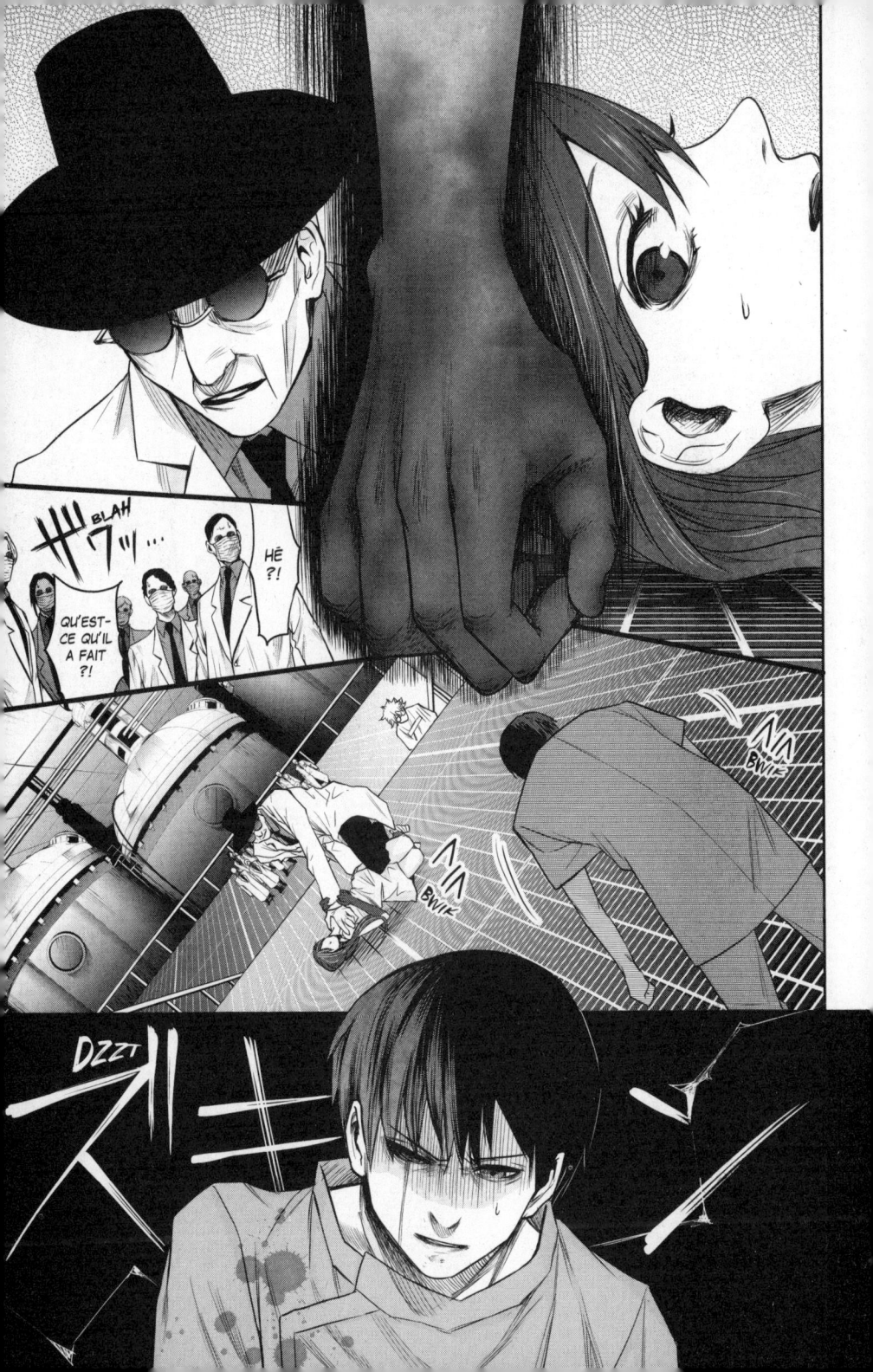

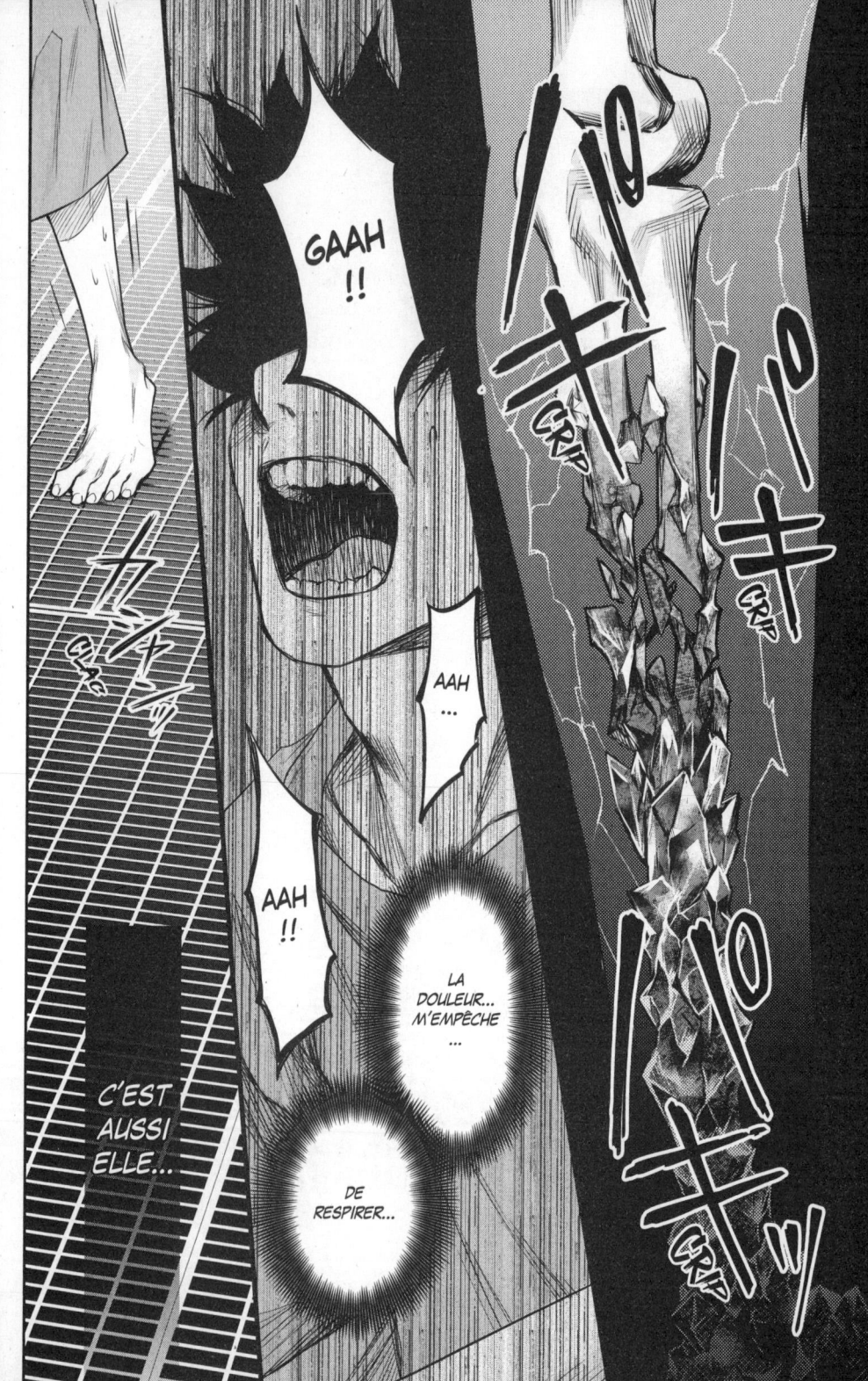

MES MEMBRES MINÉRALISÉS...

?

OUI... BIEN SÛR...

JE L'AI DRÔLEMENT SONNÉ, MALGRÉ MA FAIBLESSE...

SONT DEVENUS DES ARMES.

MOUUH !!

TAP

MMH !

JE PEUX ME BATTRE !

HAA !

OU... OUI !

MEER ! OCCUPE-TOI DE FUKAMI !

IGARASHI, ÉCOUTE !
KISUI A DES MEMBRES MÉCANIQUES !!
!
C'EST UN MALADE INDIGO !
SES MEMBRES SONT DES PROTHÈSES ROBOTISÉES, ALIMENTÉES PAR LE SAPHIR PRÉSENT DANS SON CORPS !
GHH
QUOI ?!
JE COMPRENDS MIEUX SA FORCE !
TU N'AS AUCUNE CHANCE, EN COMBAT SINGULIER !
ALORS, UTILISE VITE LE BLANCHISSEUR ...
FWIP
PAS SI VITE !!

APRÈS...

AVOIR
RÉGLÉ MES
PROBLÈMES.

OH !

INUTILE
D'INSISTER...
IL EST BORNÉ,
DERRIÈRE SON
AIR GENTILLET.

KAI !

TU NE LE
FERAS PAS
CHANGER
D'AVIS.

ALLONS-Y.

...

ENTENDU.

ON SE RETROUVE AU SECTEUR "D-66".
PLUS J'AURAI DE TÉMOINS VIVANTS, MIEUX CE SERA.

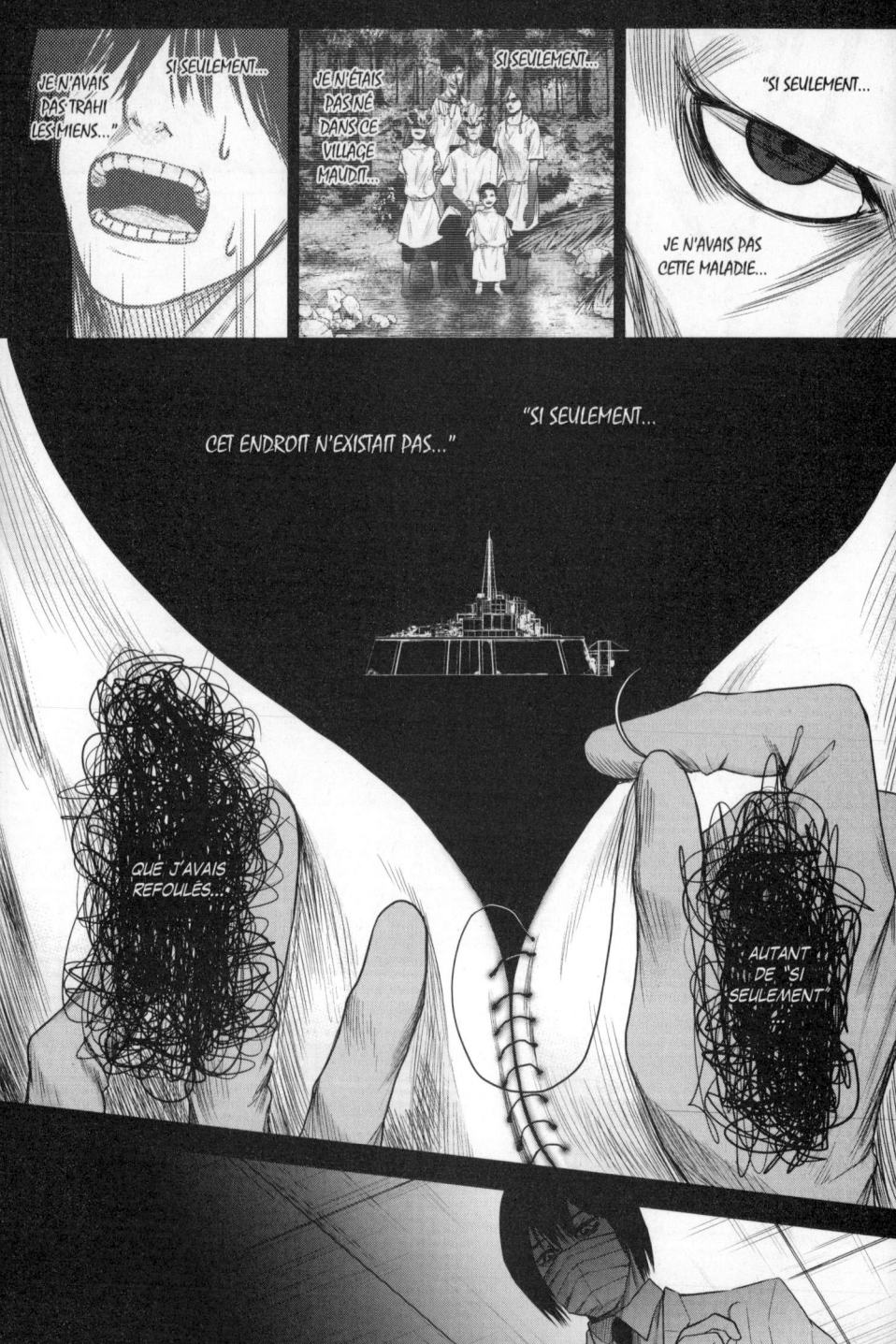

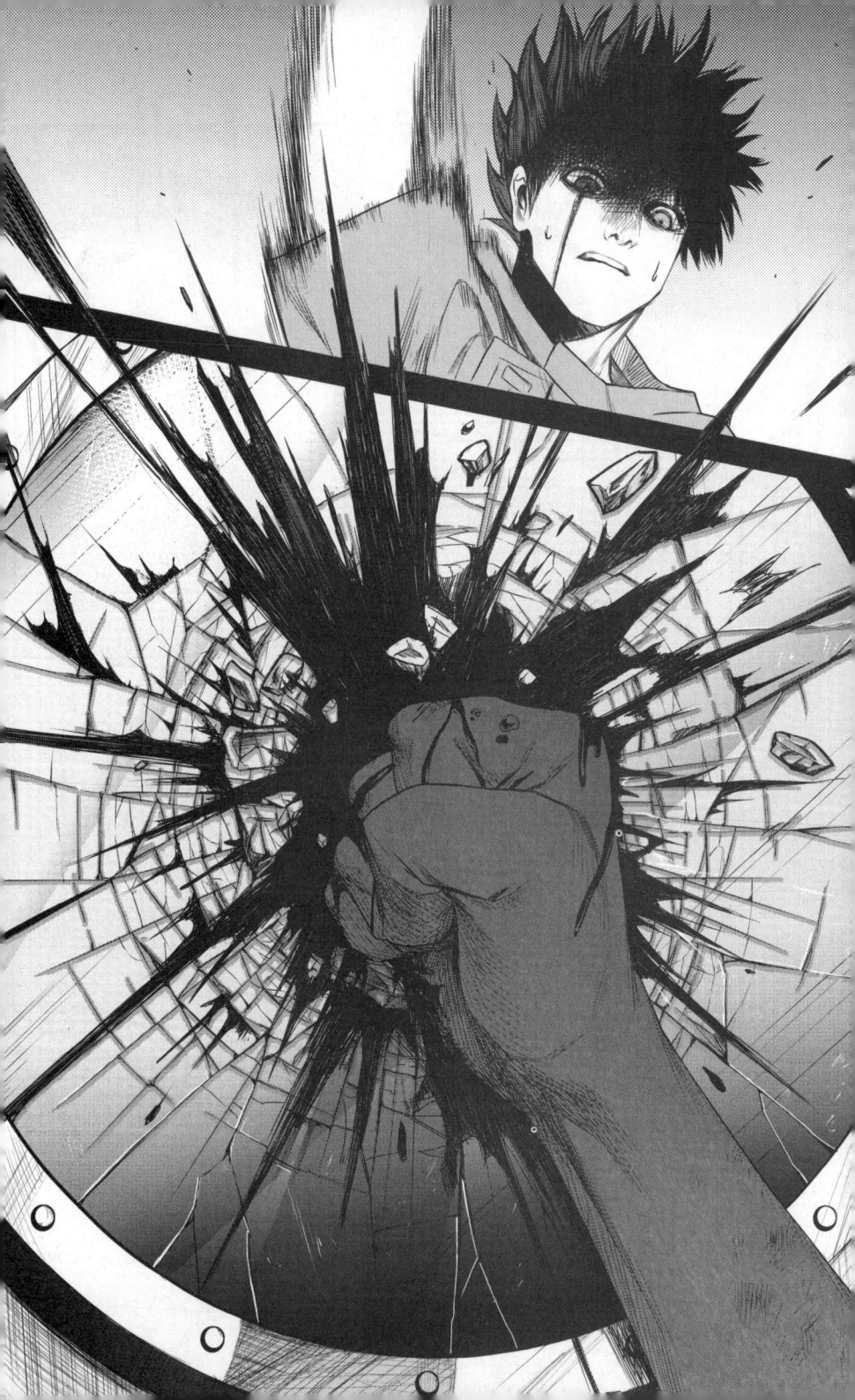

366

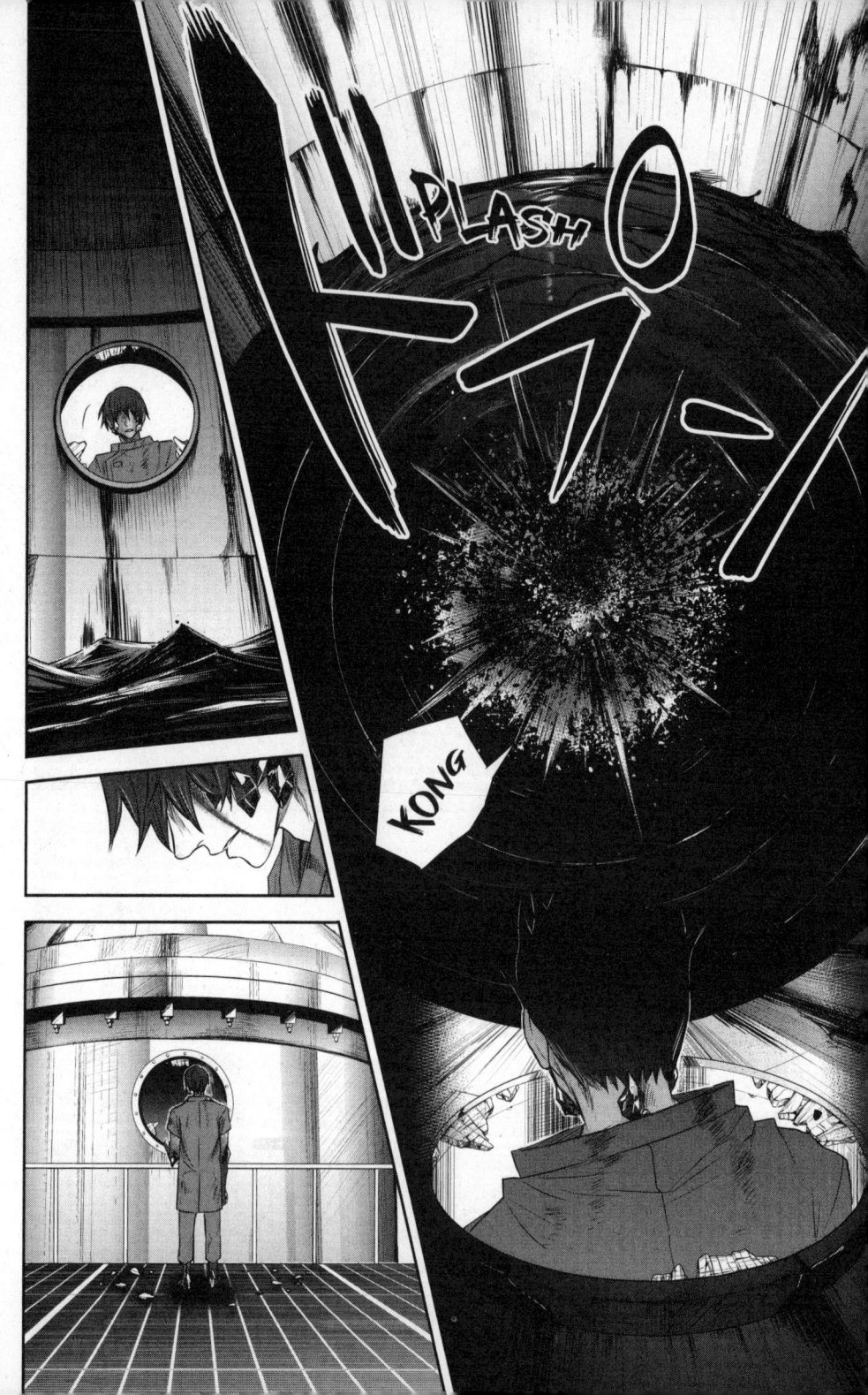

QUELLES ÉTAIENT...

MES AUTRES OPTIONS ?

JE SUIS L'UN DE CEUX QUI LES ONT PRIVÉS...

DE MÊME POUR MEER, N-004 ET TOUS LES AUTRES PATIENTS...

DE CETTE AUTRE VIE.

ET MÊLÉ À TOUTE CETTE SALE HISTOIRE...

SI KISUI N'AVAIT PAS ÉTÉ AMENÉ DE FORCE SUR CETTE ÎLE...

IL AURAIT CERTAINEMENT MENÉ UNE EXISTENCE DIFFÉRENTE.

IL ÉTAIT POURTANT APPLIQUÉ ET TRAVAILLEUR.

UN TRAITEMENT HORRIBLE, MÊME APRÈS MON AMNÉSIE.

J'AI FAIT SUBIR À N-004...

MON PASSÉ EST TROP LOURD À PORTER...

MEER ?

POURQUOI
ES-TU
REVENUE ?

ET ALORS ?
TU CROIS QUE TA MALADIE ME FAIT PEUR ?
PEU IMPORTE QUE TU SOIS BLEU DES PIEDS À LA TÊTE, OU COUVERT DE PRODUIT...
TU VIENS AVEC MOI !

"ÉVADONS-NOUS DE CETTE ÎLE."

QUE TU M'AS FAITE, KAI.

TU T'EN SOUVIENS À PRÉSENT... N'EST-CE PAS ?

C'EST LA PROMESSE...

ACTE-019
Ma justice en bleu

DOOM

DOOM

DOOM

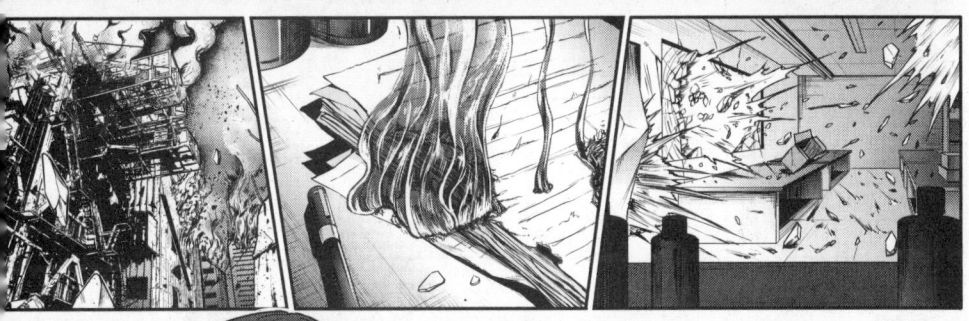

!

COU-
REZ !

BOOM
1F
BOOM
BROOM

AAAH
!!

RENTREZ
DANS LES
CONTAI-
NERS !

TE VOILÀ ENFIN.

MAIS, C'EST...

CE N'EST PAS TROP TÔT.

JE COMPTAIS DONC FUIR EN AVION, MAIS...

LE PERSONNEL DU CENTRE A COMMENCÉ À ÉVACUER L'ÎLE.

LES HOMMES DU COMITÉ DÉBARQUERONT DANS PEU DE TEMPS...

IL Y A UN HIC.

UN AVION ÉLECTRIQUE !!

NOTRE PORTE DE SORTIE...

LE PROBLÈME VIENT DU RÉSERVOIR. IL EST À SEC !

APRÈS INSPECTION...

SANS SUCCÈS.

J'AI ESSAYÉ DE LE DÉMARRER...

LES CHERCHEURS DU CENTRE ONT ESSAYÉ DE ME TIRER LES VERS DU NEZ, MAIS J'AI REFUSÉ DE PARLER.

JE CONNAIS LA COMPOSITION DE L'ACCÉLÉRA-TEUR ET SON PROCESSUS DE FABRICATION.

TOUT A COMMENCÉ LE JOUR OÙ J'AI REFUSÉ DE LE PRODUIRE.

TANT QUE J'EXISTERAI...

JE ME SUIS RAPPELÉ LE JOUR OÙ POUR LA PREMIÈRE FOIS, J'AI VU UN AVION EN VOL.

ILS M'ONT ALORS VOLÉ MES SOUVENIRS...

"MOI AUSSI, J'AIMERAIS QUE MES RÉALISATIONS DONNENT DE L'ESPOIR AUX AUTRES."

CEPEN-DANT...

AFIN DE ME MANIPULER.

LE 1107 EXISTERA LUI AUSSI.

ON AVAIT DÉTOURNÉ UN TEL ESPOIR, AUTREFOIS, POUR COMMETTRE DES MASSACRES.

ALORS, JE LA VIVRAI À FOND !

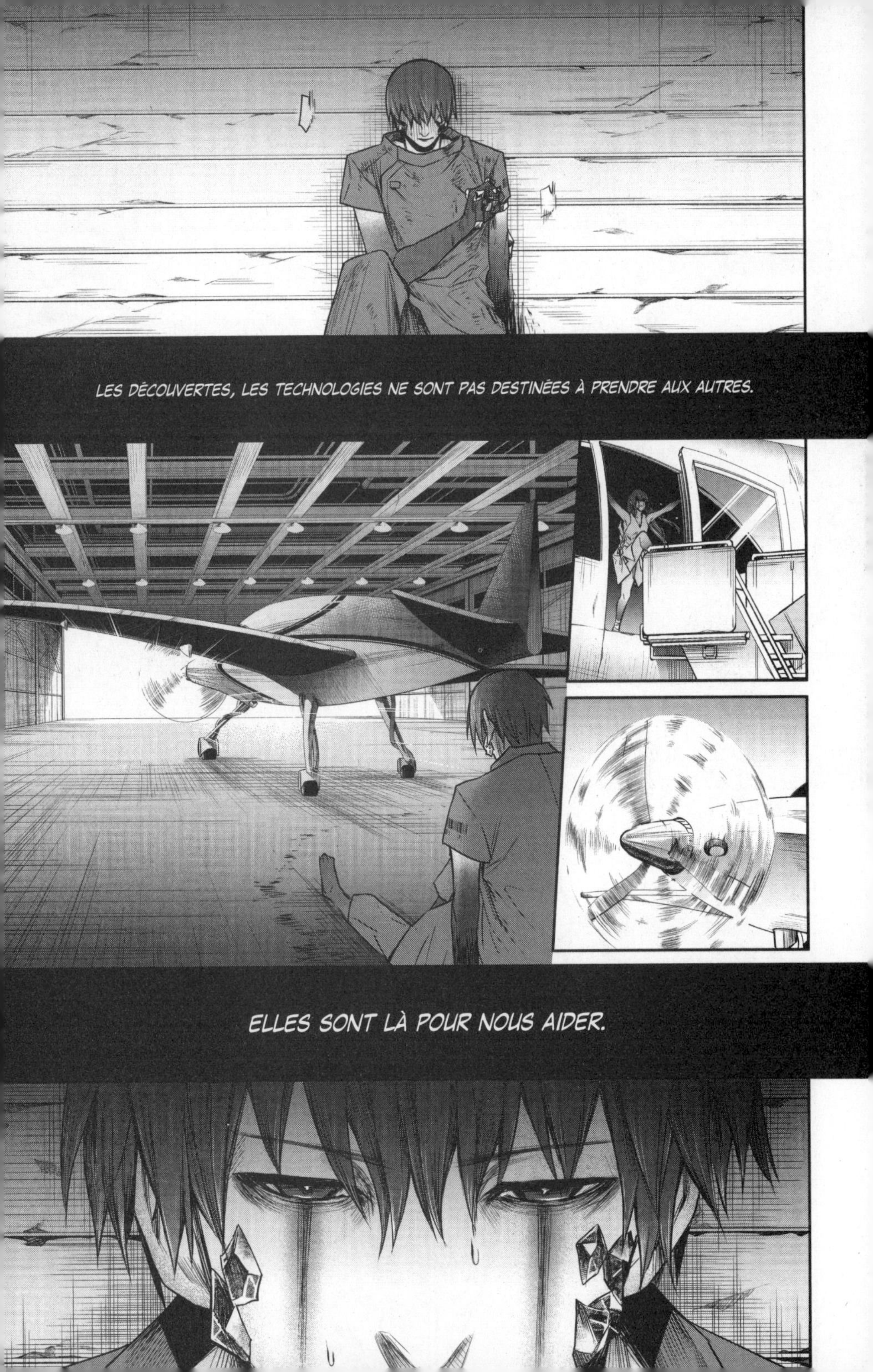

LES DÉCOUVERTES, LES TECHNOLOGIES NE SONT PAS DESTINÉES À PRENDRE AUX AUTRES.

ELLES SONT LÀ POUR NOUS AIDER.

PARCE QUE L'HUMAIN EST GÉNIAL.

"QUE SUIS-JE CENSÉE FAIRE, À PRÉSENT ?"

TU SERAS BIEN RÉMUNÉRÉE ET TU AURAS UNE PROTECTION PERMANENTE, MAIS À PART ÇA...

"TU VAS TÉMOIGNER À LA PLACE D'IGARASHI."

TU SERAS LIBRE DE VIVRE TA VIE."

anonyme_465@humain_minéralisé
Une super énergie à base d'os humains !
On est entrés dans l'ère de la SF.

anonyme_466@humain_minéralisé
Un trafic de corps humains ? Et la morale,
dans tout ça ?

anonyme_467@humain_minéralisé
La fille en couverture est trop mignonne !

EST-CE QUE...

TU SAIS D'OÙ VIENT LE BLEU DE LA MALADIE INDIGO ?

ALORS ÇA...

...

LES MÉDIAS SONT À NOS PORTES, ILS VEULENT UNE CONFÉRENCE DE PRESSE... LA SITUATION EST HORS DE CONTRÔLE !

Siège du comité

LA COULEUR BLEUE A TOUJOURS ÉTÉ CACHÉE DANS L'ÊTRE HUMAIN.

LA MALADIE INDIGO N'A FAIT QUE LA RÉVÉLER.

APRÈS LA PREMIÈRE FRAPPE ATOMIQUE CONTRE LE JAPON, ON A VU DES FLAMMES BLEUES S'ÉLEVER DES RUINES.

LA BOMBE, D'UNE PUISSANCE PHÉNOMÉNALE, AVAIT RAVAGÉ LA TERRE AVEC DES TEMPÉRATURES DE 3000 À 4000 °C.

LES FLAMMES BLEUES PROVENAIENT DE LA COMBUSTION DU PHOSPHORE PRÉSENT DANS LES OSSEMENTS DES VICTIMES.

CETTE MALADIE RESTERA INCURABLE...

TANT QUE LES HUMAINS VIVRONT EN CE MONDE.

TAP

CLAC

"QUE VOUDRAS-TU FAIRE, UNE FOIS PARTIE D'ICI ?"

ALORS, JE NE PEUX PAS TE RÉPONDRE."

JUSQU'À MA RAISON DE VIVRE.

JE REFUSE DE MOURIR ICI.

J'AI L'IMPRESSION QU'ON M'A TOUT PRIS...

FRISH

"JE NE SAIS...

FRIS

TOU- JOURS PAS...

MA JUSTICE
EN BLEU."

Blue Phobia / FIN

POSTFACE

J'écris cette postface un petit mois après la fin de la série.

Blue Phobia fut pour moi une œuvre spéciale, qui aura toujours une place dans mon cœur : une œuvre tout en bleu.

Je suis particulièrement reconnaissante envers toutes les personnes qui ont transformé cette histoire en scène de théâtre sur laquelle m'exprimer.

Au point que j'ai envie de réunir les fonds nécessaires pour reprendre le scénario, le peaufiner et en faire un animé.

Je suis aussi exaltée de voir que la parution hebdomadaire de la série a permis de libérer la ferveur et la passion qui se cachaient en moi. Je compte bien mettre cette énergie au service de mes prochains travaux.

J'espère que vous m'accompagnerez sur ce chemin. À bientôt.

Tsuruyoshi

REMERCIEMENTS

001 / Staff

Shohei Tagawa

Sumi Matsuzaki

Masumi Higashitani

Ren Okada

002 / Aide

Gaku Tanigaki

Tooki Iwai

003 / Responsable éditorial

M. Hasegawa

004 / Conseillers

Mon frère

Azusa Terao

005 / Prises de vue

Photographe MILK

Mitsui Matsushima Resources Co., Ltd

(visite de la mine de charbon de l'île d'Ikeshima)

NITCA (Nagasaki international tourism and

convention association)

BLUE PHOBIA

© 2017 by Eri Tsuruyoshi
All rights reserved.
First published in Japan in 2017 by SHUEISHA Inc., Tokyo.
French translation rights in France and French-speaking Belgium,
Luxembourg, Monaco, Switzerland and Canada arranged by SHUEISHA Inc.
through VME PLB SAS, France.

Traduction depuis le japonais : Akiko Indei et Pierre Fernande
Lettrage : Anne Demars
Correction : Jérôme Charnay

© 2019, Éditions Glénat
Couvent Sainte-Cécile – 37, rue Servan – 38000 Grenoble
Tous droits réservés pour tous pays
ISBN : 978-2-344-03718-8
Dépôt légal : octobre 2019

Achevé d'imprimer en Italie en avril 2022 par Grafica Veneta
sur papier provenant de forêts gérées de manière durable